中国茶文化丛书

茶学名师拾遗

学名师

王镇恒/著

中国农业出版社·北京

图书在版编目（CIP）数据

茶学名师拾遗 / 王镇恒著. — 北京：中国农业出版社，2019.12

ISBN 978-7-109-26294-2

Ⅰ.①茶… Ⅱ.①王… Ⅲ.①茶业－名人－生平事迹－中国－现代 Ⅳ.①K826.3

中国版本图书馆CIP数据核字（2019）第263399号

茶学名师拾遗
CHAXUE MINGSHI SHIYI

中国农业出版社出版
地址：北京市朝阳区麦子店街18号楼
邮编：100125
责任编辑：姚　佳
版式设计：姜　欣　　责任校对：吴丽婷
印刷：北京通州皇家印刷厂印刷
版次：2019年12月第1版
印次：2019年12月北京第1次印刷
发行：新华书店北京发行所
开本：700mm×1000mm　1/16
印张：6.75
字数：103千字
定价：68.00元

总　序

茶文化是中国传统文化中的一束奇葩。改革开放以来，随着我国经济的发展，社会生活水平的提高，国内外文化交流的活跃，有着悠久历史的中国茶文化重放异彩。这是中国茶文化的又一次出发。2003 年，由中国农业出版社出版的《中国茶文化丛书》可谓应运而生，该丛书出版以来，受到茶文化事业工作者与广大读者的欢迎，并多次重印，为茶文化的研究、普及起到了积极的推动作用，具有较高的社会价值和学术价值。茶文化丰富多彩，博大精深，且能与时俱进。为了适应现代茶文化的快速发展，传承和弘扬中华优秀传统文化，应众多读者的要求，中国农业出版社决定进一步充实、丰富《中国茶文化丛书》，对其进行完善和丰富，力求在广度、深度和精度上有所超越。

茶文化是一种物质与精神双重存在的复合文化，涉及现代茶业经济和贸易制度，各国、各地、各民族的饮茶习俗、品饮历史，以品饮艺术为核心的价值观念、审美情趣和文学艺术，茶与宗教、哲学、美学、社会学，茶学史，茶学教育，茶叶生产及制作过程中的技艺，以及饮茶所涉及的器物和建筑等。该丛书在已出版图书的基础上，系统梳理，查缺补漏，修订完善，填补空白。内容大体包括：陆羽《茶经》研究、中国近代茶叶贸易、茶叶质量鉴别与消费指南、饮茶健康之道、茶文化庄园、茶文化旅游、茶席艺术、大唐宫廷茶具文化、解读潮州工夫茶等。丛书内容力求既有理论价值，又有实用价值；既追求学术品位，又做到通俗易懂，满足作者多样化需求。

一片小小的茶叶，影响着世界。历史上从中国始发的丝绸之路、瓷器之路，还有茶叶之路，它们都是连接世界的商贸之路、文明之路。正是这种海陆并进、纵横交错的物质与文化交流，牵连起中国与世界的交往与友谊，使茶和咖啡、可可成为世界三大无酒精饮料，茶成为世界消费量仅次于水的第二大饮品。而随之而生的日本茶道、韩国茶礼、英国下午茶、俄罗斯茶俗等的形成与发展，都是接受中华文明的例证。如今，随着时代的变迁、社会的进步、科技的发展，人们对茶的天然、营养、保健和药效功能有了更深更广的了解，茶的利用已进入到保健、食品、旅游、医药、化妆、轻工、服装、饲料等多种行业，使饮茶朝着吃茶、用茶、玩茶等多角度、全方位方向发展。

习近平总书记曾指出：一个国家、一个民族的强盛，总是以文化兴盛为支撑的。没有文明的继承和发展，没有文化的弘扬和繁荣，就没有中国梦的实现。中华民族创造了源远流长的中华文化，也一定能够创造出中华文化新的辉煌。要坚持走中国特色社会主义文化发展道路，弘扬社会主义先进文化，推动社会主义文化大发展大繁荣，不断丰富人民精神世界，增强精神力量，努力建设社会主义文化强国。中华优秀传统文化是习近平总书记十八大以来治国理念的重要来源。中国是茶的故乡，茶文化孕育在中国传统文化的基本精神中，实为中华民族精神的组成部分，是中国传统文化中不可或缺的内容之一，有其厚德载物、和谐美好、仁义礼智、天人协调的特质。可以说，中国文化的基本人文要素都较为完好地保存在茶文化之中。所以，研究茶文化、丰富茶文化，就成为继承和发扬中华传统文化的题中应有之义。

当前，中华文化正面临着对内振兴、发展，对外介绍、交流的双重机遇。相信该丛书的修订出版，必将推动茶文化的传承保护、茶产业的转型升级，提升茶文化特色小镇建设和茶旅游水平；同时对增进世界人民对中国茶及茶文化的了解，发展中国与各国的友好关系，推动"一带一路"建设将会起到积极的作用，有利于扩大中国茶及茶文化在世界的影响力，树立中国茶产业、茶文化的大国和强国风采。

姚国坤

2017 年 6 月于杭州

序

2019年是中国现代高等茶业教育创办80年，作为我国茶学教育的嫡传者，安徽农业大学茶业系今年将举办以"薪火相传八十载，生生不息兴华茶"为主题的系列纪念活动。90高龄的恩师王镇恒先生得悉消息后，欣然题写了"发扬优良学风，培养茶业人才"贺词，并将我国茶学教育五位主要创办者的奋斗史编集成《茶学名师拾遗》，且邀我为书作序，在感激恩师厚爱的同时，也让我再次重温了茶界前辈们呕心沥血推动我国茶学教育发展的艰难历程。

1937年抗日战争全面爆发后，复旦大学部分师生在吴南轩代校长带领下，辗转西迁到重庆北碚继续办学。1939年底，时任中国茶叶公司协理吴觉农向复旦大学教务长孙寒冰建议创办茶叶专业。次年，由中国茶叶公司资助经费在复旦大学创办茶叶组和茶叶研究室，设四年制茶叶本科和两年制茶叶专修科，吴觉农先生担任首任茶叶组和研究室负责人，这是中国高等茶学教育的肇始。

1938年，王泽农先生协助李亮恭筹建复旦大学农学院，后来又参与茶叶组创建工作。1946年，复旦大学回迁上海，王泽农先生出任复旦大学农学院茶叶专修科主任。历任复旦大学农学院、安徽大学农学院、安徽农学院教授，创立茶叶生物化学学科课程体系。

1940年，陈椽先生赴浙江英士大学农学院任教，讲授茶叶课程。抗日战争胜利后，受聘到复旦大学农学院任教。1949年后，先后担任复旦大学茶叶专修科主任、安徽大学和安徽农学院茶叶专修科主任、安徽农学院茶业系主任。在制茶学、茶叶经济学、茶史学等多学科有开拓性贡献。

1938年，庄晚芳先生在福建省福安农校讲授茶叶课程。新中国成立后，先后在复旦大学农学院、安徽大学农学院、华中农学院和浙江农业大学从事茶学教育，是茶树栽培学科的奠基人之一。

1935年8月，张天福先生创办福建省立福安农业职业学校和福安茶叶改良场，任校长兼场长，延聘李联标、庄晚芳等执教，培养出吴振铎等优秀茶叶人才。

20世纪，中国建立了完整的茶学教育体系，涌现出了一大批献身茶学教育的名师和教育家，吴觉农、王泽农、陈椽、庄晚芳、张天福就是他们当中的杰出代表。他们在茶学教育的讲坛上，循循善诱、诲人不倦，为茶学专业建设、课程建设、教材建设、人才培养做出巨大贡献。

恩师王镇恒先生，是著名的茶学教育家、茶学家，长期从事高等茶学教育和高校管理工作，培养了大批茶学人才，为我国茶学教育科研事业做出重要贡献。耄耋之年，依然笔耕不辍。《茶学名师拾遗》通过对五位名师的深情回忆，勾勒出他们献身茶学科教事业、践行茶人精神的高尚情怀。他们是全体茶人学习的楷模，永远激励着我们为中国茶业事业不懈奋斗！相信读完此书，读者会从中汲取丰富的精神食粮。

谨祝先生健康长寿！

是为序。

安徽农业大学校长、教授　夏　涛

2019年9月于合肥

目 录

吴 觉 农

吴觉农首创茶叶专业在复旦大学

抗日战争时期，复旦大学从上海内迁重庆。1938年复旦开始设立垦殖专修科并附设农场，1939年设立园艺学系，在此基础上1940年设立农学院并设茶叶组、茶叶专修科和茶叶研究室，1942年茶叶组与垦殖专修科合并，成为农艺学系。1946年夏，复旦大学从重庆迁回上海原址，农学院成为上海一所农业高等学府。

新中国成立后，1949年秋，扩大招生并增设农业化学系。1952年秋全国院系调整，农学院离开复旦大学，农艺、园艺、农化三系迁往沈阳，并在此基础上成立了沈阳农学院，不久成为国家重点院校；茶叶专修科迁安徽大学农学院，1954年迁合肥市成立安徽农学院，1964年改为四年制茶业系。在复旦大学百年历史中，农学院历时是短暂的，茶叶系从1940年开始招生，至1952年招生的12年中，虽然毕业人数不多，但为我国开创了农业院校有茶叶专业的先河，为高等院校建立新型的茶学高等教育体系奠定了基础，留下了许多珍贵而辉煌的篇章。

茶叶是我国重要的出口物资，由于缺乏科技与人才，在当时国际上的竞争力日趋下降。对茶叶的研究开发落后于印度、日本、斯里兰卡。1939年当时担任财政部贸易委员会茶叶处长、中国茶叶公司协理的吴觉农，中国茶叶公司总经理寿景伟与复旦大学代校长吴南轩、教务长孙寒冰、代总务长李亮恭洽谈，在复旦大学成立茶叶教育委员会，培训茶叶专门人才和研究茶叶外贸与产制技术。1940年5月27日，日寇飞机轰炸复旦大学，教务长孙寒冰等7位师生不幸遇难。1940年9月由中国茶叶公司委托复旦大学开办茶叶系、茶叶专修科，拨款9万元作为开办费。但国民党政府教育部认为茶叶是一种作物，无须设系，只允许成立茶叶组，由吴觉农教授任主任，并由胡浩川教授主持其事。当时茶叶组规模较大，除四年制茶叶本科和二年制茶叶专修科外，还设茶叶研究室，由姚传法教授主持，下设生产、化验、茶叶经济三个部，还有一个资料室。并在夏坝北端，嘉陵江边建了一批房舍，是当时复旦大学最好的建筑群之一。茶叶专修科在1940年开始招生，当时在非

■ 复旦大学农学院茶专科第一届毕业合影（王理平提供）

沦陷区的浙江丽水县、湖南的衡阳县及重庆三地招生29人，两年毕业，目的是学习一般茶叶知识与技术，从事技术与营销等业务，主要课程有茶叶概论、茶树栽培、茶叶制造、茶叶化学、茶叶贸易、茶叶检验、茶叶病虫害防治、遗传育种、茶厂实习。毕业生由中国茶叶公司优先选派工作。

茶叶组在1940年开始招生33人，学制四年，目的是造就茶叶技术上与业务上的专门人才，并促进茶叶的学术研究。一、二年级修习农业基本学科；三、四年级除加习工商学科外，致力于茶叶的实际研习，分茶叶制造与茶叶贸易两个方向，并从事茶场、茶厂业务的实习。第一届毕业生中至今还健在的有如中国茶叶研究所研究员陈尊诗等。

■ 抗日战争时期复旦大学重庆旧址（刘勤晋提供）

茶叶研究室由茶叶组、茶叶专修科教授及专业人员担任研究员。内分三部：①生产部，从事茶叶产制的实验和研究；②化验部，从事茶叶的化学分析与研究；③经济部，从事茶叶行政与政策的调查研究。研究室附实验茶场、茶叶化验室与茶叶资料室。

茶叶组与茶叶专修科的建立和招生，中国茶叶公司投资较多，教学设备和研究费用均由公司全部负担；其他费用由公司负担2/3，校方只负担1/3。据有关历史记载，1944年止，中国茶叶公司拨给复旦大学的教学设备、教学科研及人员等费用达42万元。

1941年，复旦大学被教育部批准由私立改为国立。1942年，农垦和茶叶组合并成为农艺学系。1944年，农垦、茶叶组停止招生，茶叶专修科招过四届学生后停办，待1946年迁回上海后恢复招生。

农学院各门基础课及部分专业基础课由复旦大学文、理学院教师担任。教师主要有：钱崇澍、曹诚英、杨衔晋、汪发缵、毕相辉、范和钧、钟俊麟、王兆澄、陆荣、何家泌、谭其猛、龚畿道、张志澄、马世均、郭颂仁、李象元、刘庆元、朱乃洪、朱世泽等。当时，复旦大学所在的重庆北碚，还有中央研究院动物研究所、植物研究所、地理研究所、中央农业试验所等。这些研究所的不少著名研究人员被请到复旦大学的农、理学院兼课，如钱崇澍、曲仲湘、童第周、吴献文、张孟闻、裴鉴等。尽管当时农学院专任教师不多，但兼任教师中有不少对茶叶组、茶叶专修科的成长和教学质量的提高均起了很大作用。

在农学院建院初期，师生中多数对国民党反动派统治不满，但参加政治活动的不多。中共地下组织派来一些工作者，如茶叶组1940级的左纪谷，农艺系1941级的方长茂等。他们本着多交朋友，宣传共产主义，进行某些活动。茶叶组主任吴觉农教授是民主进步人士。他当时参加了王昆仑、王炳南、阳翰笙、屈武等发起成立的"中国民主革命同盟"的秘密组织，并受到周恩来的关注，配合共产党在白区的工作。吴觉农教授与当时重庆的新知书店关系密切，给复旦大学带来了进步书刊，并在茶叶组建立了一个秘密的革命小组。1941年中共组织上动员许振球报考复旦大学农学院茶叶组。要求她努力学习，以取得优异成绩，联系进步同学，也是吴觉农教授的得力助手，组织"农友读书会"展阅进步报刊，举办一些报告会、讨论会，传播进步思想，成为农学院先进进步学生的最早组织之一。

茶叶组的农友读书会在吴觉农教授的影响下，团结一批进步同学。园艺系则利用系会的"绿园"壁报（壁联会成员），在学术性动态报告中巧妙地适当加入一些有政治倾向的文章，借以与有反动倾向的言论展开辩论、揭发、批判，明辨大是大非。他们遵照周恩来的"勤于学，勤于业，勤于交友"的指示精神，广泛开展交友活动。1943年秋，农学院园艺系随着袁永宝的考入求学，为复旦大学注入革命血液。他在1940年参加过北京的共产党外围组织民族先锋队。到复旦后，结识园艺系1944级顾金德等同学，在他们启发帮助下，一批同学提高了思想觉悟，关心政治时事。他们还常与校内一些民主进步教授接触，如钱崇澍、胡浩川、方令儒、章靳以、裴鉴、张孟闻等。当时，袁永宝已参加了中共中央南方局青年组织领导下的复旦大学据点核心组秘密组织的"系联会"，开展有计划的政治任务，获得了良好的效果。

1941年继续招生，茶叶组招收17人，茶叶专修科招收13人。1942年茶叶组停招（但在农艺学系里有少量茶叶组学生），茶叶专修科招收4人，1943年招收7人，1944年停招。

第一任组科主任是吴觉农教授（1940—1941），第二任是胡浩川教授（1942—1943），第三任是姚传法教授（1944），1944—1945年，茶叶专修科归属农艺学系，由农艺学系主任蒋涤旧教授兼任茶叶专修科主任，1946—1949年第五任主任是王泽农教授，1950—1952年第六任主任是陈椽副教授，师资力量有所加强，增聘庄晚芳教授讲授茶树栽培、茶叶贸易，管永真讲师讲授茶叶微生物，助教有郭颂仁、王明渊、周海龄。

茶叶组科的主要教师有：胡浩川（留日，专攻茶叶制茶），范和钧（留法），王兆澄（留日，化学家，曾任上海天厨味精厂总工程师），王泽农（留比利时，化学家）、陆荣（茶叶评审）、毕相辉（留日，经济学家）、何家泌（茶树病理）、张志澄（茶树栽培）。

茶叶研究室主任由经济学家毕相辉担任，研究人员由茶叶组科教授及对茶叶研究有造诣者担任。当时有：张堂恒、庄任、许裕圻、汪义芳、张祖声等。

因学校刚从上海迁到重庆，没有宿舍，学生们被安置在重庆北碚黄桷树小镇上的一栋破旧平房内，四周连墙壁都没有，学生们睡在床上，街上的行人都能看见。伙食也不行，很少有肉食供应，尽是稀饭，还要天不亮就得起来排队。佐餐的是少量榨菜，迟来的连榨菜都没有，只能用酱油拌粥。1941年宿舍建成为平房，每间十余平方米，放7张双人床，住14人，还要放自习桌凳，拥挤状态可想而知。晚上还没有电灯，点的是菜油灯。膳食条件随着饭厅的建成也渐有改善。成立了膳食委员会，吸收学生代表参加，当时茶叶组的学生陈尊诗就代表学生担任过膳食委员。

1946年复旦大学在历经返校上海江湾旧址整顿就绪后，茶叶专修科在1946年招收新生10人。学习一年后，其中一名地下共产党员卢妙英被校方借故劝令退学而离校，另有蔡怀仪参加南下工作队和蔡保国中途退学，1945年毕业时仅有7人。1947年茶叶专修科招生6人，其中汤锡艮于1948年夏奔赴解放区，1949年毕业时为5人，其中水翠云被评为全校优秀高才生之一。1948年茶叶专修科招生5名，其中舒瑞芝提前于1949年参加革命工作，其余4人至1950年毕业。在王泽农教授担任茶叶专修科主任的1946—1949年里，师资力量增聘了陈椽副教授，助教王毓秀、郭颂仁。课程设置基本上与重庆时相同，授课教授有所变动，茶叶概论、茶叶栽培、茶叶制造和茶叶检验四门课程全由陈椽担任，茶叶化学由王泽农担任，茶叶贸易聘请吴觉农主讲，钱樑、乔祖同两位襄理讲授，吴觉农当时在上海工作，属于校外兼教的。在讲课时严词抨击了国民党反动统治时期的茶叶贸易被蒋宋孔陈四大家族垄断独霸及对民营茶叶贸易的摧残，致使茶园荒芜，茶业凋零，茶农破产，局面衰败。如此大胆正义地抨击国民党的腐败官僚作风，使学生们加深了对国民党反动剥削本质的认识，给大家上了一次民主革命的教育课。

1947年春，在复旦大学内开展的学生自治会竞选斗争中，当时中共地下党核心联合全校各进步社团公开成立"五院联合竞选团"，与三青团等反动社团联合的"不谈政治竞选团"相对抗，农学院参加候选人有茶叶专修科的卢妙英同学，园艺系的袁水宝同学等人，在选举中大获全胜。但夏天学期结束时，学校当局害怕革命力量壮大，竟公告劝令茶叶专修科卢妙英同学自下学期起不得再办理入学手续，作以退学处理。

1947年5月爆发的"反饥饿、反内战、反迫害、争生存"运动和全上海市地下学联发动的为难民募捐寒衣运动，茶叶专修科学生中的卢妙英、金皓等率先带头积极参加游行和募捐活动。

1948年1月5日香港"九龙事件"的反帝游行，1月17日茶叶专修科学生参加了当时由中共地下组织领导的校"缪斯社"文艺社团组织，到上海市区写大标语，画漫画等宣传工作，参加的有金皓（1946级）、杨天运（1947级）、盛德莹（1947级中共党员）及水翠云（1947级）等学生。

1949年4月25日，在上海将解放前的一个月，国民党军警包围复旦大学，对进步学生进行大搜捕，被捕83人。这是闻名全市的"四二六"大搜捕，1947级茶叶专修科学生李兆离护送中共地下党员杨天运从江湾连夜步行去市区水翠云的父亲店铺住了一个礼拜。之后，他们躲过一劫，转移到别处继续进行斗争。

　　吴觉农教授在创办复旦大学农学院茶叶系、科时，即将师生们称之为"复旦茶人"。1941年12月复旦大学纪念周上吴觉农以"复旦茶人的使命"为题做了讲话，从其讲稿可以看出：当时复旦大学教务长孙寒冰教授十分支持国家统购茶叶，争取外汇以支持抗战的政策，并对国内少数不法栈商操纵茶市，投机倒把，大发国难财的行为颇感愤慨。从而积极支持吴觉农推动在高校设立茶叶系科，以培养急需的茶叶实用型人才的设想。1940年，年仅37岁的孙寒冰在日寇飞机轰炸中不幸遇难。吴觉农在讲话中是这样阐述的：

　　本校茶叶系科同学，人数达七八十人，有的长于生物学或化学，有的精研会计和贸易，有的从事于栽培，更有的专力于制造。还有其毕业和未毕业的千万同学们，各本其所专，各尽其所用，将来出而担负茶叶和其他方面的工作，我相信不出十年最多二十年罢，中国的茶叶科学，不但在实用上有飞跃的进步，甚至对各国茶业的生产和消费者，必有无穷的贡献。……

　　至于目前为了敌寇的封锁海口，以及交通困难之故，茶销似较黯然，若干机构本身欠健全，人事须调整等，这是暂时以及过渡时代必然的现象。将来各位同学都能得到社会去出膺艰巨，整个社会都可予以改进，区区恶劣的环境是不旋踵就可予以廓清的，何况我们不是有一种法宝"复旦精神"么？一切都待同学们的努力。

　　上述文中所述的"复旦精神"，就复旦茶人来说，可以说是吴觉农一生所倡导的茶人精神，也是复旦茶叶系科办学中的爱国精神和爱茶精神，两者是紧密相连的，息息相关的。

　　1949年6月20日复旦大学欢迎军管会接管，军代表是李正文，农学院的袁识先是军代表联络员。复旦大学从此新生了。

　　1950年6月25美国在朝鲜挑起侵略战争，9月16日强行在仁川港登陆，

10月7日攻陷平壤向鸭绿江我国边境逼近，战火直接威胁我国东北，在此情况下，全国人民一致奋起，开展了抗美援朝、保家卫国的爱国运动。10月19日中国人民志愿军跨过鸭绿江，协同朝鲜人民军参加抗美战争。12月1日中央军委和政务院发出"关于招收青年学生、青年工人参加各种军事干部学校的联合决定"。团中央、全国学生联合会先后发出号召，动员青年学生参加军事干校。复旦大学各系科同学纷纷报名响应。农艺系有2/3的学生报名参干，为全校第一，全系批准共22位同学。1951年中央组织赴朝慰问团，赴朝鲜慰问中国人民志愿军，吴觉农任慰问团分团长。

1950年7月，茶专科1949级学生在暑假期间去浙江杭州进行茶叶精制的实习。学生分成两组，分别在杭州第一茶厂、第二茶厂，实习内容是茶叶精制过程，为期一个月。

1950年美帝悍然侵略朝鲜，并封锁我国海口，实行经济封锁，我国绿茶出口受阻。中国茶叶公司决定将部分产绿茶区改制红茶，由陆路出口红茶至苏联和东欧国家。茶专科1949级学生应浙江省农业厅之邀，到浙江省生产珠茶的嵊县、新昌等县参加绿茶改制红茶任务。在嵊县听取了省农业厅和绍兴平水绿改红有关领导的动员报告之后，茶叶专家李联标、陶秉珍介绍改制技术。学生分配的区乡是：嵊县三界区改红任务为3 000担①，陈慧春、万立蓉、叶学升；嵊县崇仁区改红任务2 000担，蒋南平、桂萱；嵊县北山区改红任务3 000担，高麟溢、姜德馨，还有农艺系的华铁民、范家骅；嵊县南山区改红任务2 000担，胡坪、王垚、陈奭文、郑莹芳；留在三界茶厂搞培训工作的有费达云、周玉珍、陆中慧、王达、郑大仁、蒋士云、刘佩娥等。这次绿茶改制红茶工作，与一般的专业生产实习是不同的。学生们从课

①担为非法定计量单位。1担=50千克。 ——编者注

堂走出，跨出校门，深入茶区，和茶农群众打成一片，理论联系实际，对每个参加的学生是一次实践与锻炼，思想觉悟和专业知识都得到明显提高。大家首次接触茶农，接触茶叶生产，亲自体验茶叶产制实际与茶农艰辛生活，从而增进了与生产实际和农民的感情，亦将书本上的技术知识应用于实践，普遍提高了政治水平和实际能力。

茶专科1950级学生23人，于1952年春，应安徽省农林厅之邀，到安徽六安、霍山、金寨三县参加绿茶改制红茶的任务。从上海于4月29日乘火车到达合肥市，听取省农林厅领导的动员报告后，到六安行署绿改红指挥部，学生听取六安地区茶叶改制的成功经验和存在问题，使大家认识到这是一场封锁与反封锁的战斗，一致感到这个是很有意义的任务。工作担子虽然十分艰巨，但一致表示要克服困难，坚决完成。全班分成三个组，霍山县小组9人：王镇恒、余志华、胡建程、汤浚、季志仁、郭士强、李月嫦、戈佩贞、焦修范；金寨县小组9人：施云清、奚鹤文、应观道、丁俊之、刘祖辉、薛秋祥、赵鸣慧、索绪青、贡蕙英；六安县小组5人：俞辉中、庄雪岚、于秀澄、黄玲云、汪琢成。在下乡前，以小组为单位，纷纷订出个人、小组行动纲领，保证完成所承担的绿改红任务。有的小组，为了发动茶农、打消绿改红会造成经济损失方面的顾虑，还自编小剧本，上台自唱自演，受到茶农的好评，收到良好效果。6月25日在胜利完成了下达的改制任务后，从六安回到合肥市，省农业厅对我们的工作表示满意。在欢送会上，曾庆梅厅长动情地说："复旦大学茶专科的同学们是好样的，你们能吃苦耐劳，与广大茶农打成一片，克服困难，用你们的精神和知识胜利完成大别山茶区改制红茶的任务，欢迎你们大学毕业后到安徽来工作。"王克娴、王丽娟两位同学因另有任务，留校未参加这次实践活动。1951年7月，1949级学生将要毕业，上海市各大专院校的应届毕业生集中在上海交通大学，举办华东地区首届高等院校毕业生统一分配工作的学习班。7月20日开始，8月16日结束。复旦茶叶专修科1949级20名毕业生，与上海美术学院、上海体育学院的学生编为一组，由复旦茶专的胡坪任组长。同学们通过学习，思想认识水平大有提高。19人表示服从组织分配，到祖国最需要的地方去，为建设伟大的社会主义事业贡献青春年华。

■ 1952年8月王镇恒（第一排左第一人）与茶专1951级同学（索绪青提供）

　　茶叶专修科的领导与老师们，在组织学生学习课本知识的同时，还十分重视与社会实践的结合。1950年与上海市茶叶界同仁成立《中国茶讯》社，于2月15日创刊，这是新中国成立后第一份茶叶刊物。刊社由李乃昌任主任委员，陈椽任社长，庄晚芳任总编辑，编辑委员会设在上海复旦大学筑庄14号。定为月刊，每月一期，全年十二期，由新农出版社印刷，新华书店福州路店总经销。第一期出版时，复旦农学院院长钱崇澍写了发刊词，陈椽、庄晚芳、王泽农、陶秉珍、葛敬应、裘览耕、董少怀、王克成、李乃昌、王明渊、唐力新、林瑞勋、俞寿康等茶叶界专家学者均有文章刊登。1951年为1～12期，1952年为1～6期。由于中国茶讯社没有专业工作人员，编辑委员会成员均为兼职，少数的学生代表分赴各茶叶外贸、加工企业进行专访，写成稿件在中国茶讯刊物上发表，并与上海市茶叶公会加强联系，参与他们的活动，在中国茶讯社成立大会上，茶专科的学生还公演"呜呼！蒋匪帮"的独幕剧。1952年秋，全国高等院校的院系调整，复旦大学农学院茶叶专修科因安徽省委、省政府力争茶叶专业迁往安徽。省委书记曾希圣向中央直接要求，得到中央的同意。茶叶专业决定迁往安徽，中国茶讯社也决定停刊。1952年6月20日出版的中国茶讯，在第三卷第6期上登出"停刊启事"。至此，《中国茶讯》从1950年春创刊，至1952年夏停刊。

　　1952年春，教育部召开全国农学院院长会议，讨论研究院系调整的问题，当时认为全国农业院校分布不合理、不平衡。华东区

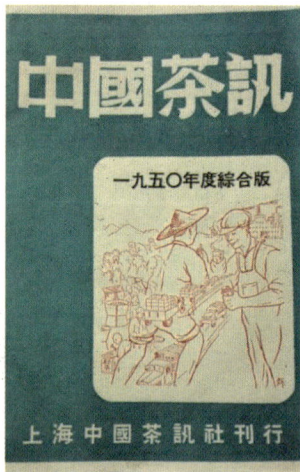

■ 中国茶讯

14所，而东北区仅3所。以后在"全国高等农业院校调整系科设置方案"中提出，决定在东北地区建立5所高等农业院校。其中在沈阳东陵建立沈阳农学院，由上海大学农学院及东北农学院的部分系科合并成立。9月19日复旦农学院农艺、园艺、农化三系迁沈阳农学院。复旦农学院茶叶专修科1951级学生25人并入安徽大学农学院，先在芜湖市，后于1954年又迁合肥市，独立建为安徽农学院。

1952年8月，在茶叶专修科主任陈椽副教授率领下，王泽农教授、庄晚芳教授、管永真讲师、金义暄讲师、周海龄助教，与1951级学生林鹤松25人，扛着复旦大学党委授予的"响应党的号召，院系调整到安徽"的大红旗从上海市到安徽芜湖市赭山，随同迁系的还有部分茶叶图书和仪器设备。

在高等院校创办茶叶专业组科复旦大学属首家。在高等院校设立茶叶专业，从14年以来的办学情况，回顾其特点和培养的专业人才，主要的特点是：

一为专业性强，涉及学科面较广。复旦大学茶叶专业组科是我国院校中最早、唯一的，茶叶业务除农业生产外，还涉及食品加工、农业化学、农业机械、国内外贸易、商品品质检验、包装贮藏等各个领域。

二为专业结合实际，培养了社会上急需的实用型人才。当时设立茶叶组科就是培养和造就一批专门人才，针对我国抗战后恢复和振兴国家茶叶产销事业人才缺乏、技术落后而需要的，办学目的十分明确。因此，在教学安排上对学习的内容和学习方法上，突出理论结合实际，科学知识与技术操作相结合。在重庆办学一切条件非常困难时期，仍安排学生到四川省青城山实习"西路边茶"。迁回上海后，上海校区土壤不宜植茶，从浙江茶区运来土壤建立小面积教学茶园的同时，充分利用寒暑假组织学生到浙江、安徽的茶区、茶厂进行实习；在平时加强学校与上海的茶叶出口企业、茶叶检验单位之间的业务联系，并组织学生在"中国茶讯社"一些活动中参与专访、组稿，以了解学习全国茶业经济信息及科技知识，通过学生对茶叶企业家个别访问，了解农业生产及茶叶内销出口业务的各个环节，将课本上的知识与实际相结合，并进一步提升和丰富了理论水平。

三为教学与政治思想工作相结合，明确办学宗旨。在重庆时期，结合系主任吴觉农教授提出的"中国茶叶复兴计划"，使学生在了解我国抗战胜利后的茶叶生产发展宏伟计划之后，感到自己肩上的重任，促使奋发学习。在解放战争时期，吴觉农结合国民党反动统治，陈述摧残民营茶叶贸易企业以及对广大茶农的剥削，造成茶园荒芜，茶业凋零，茶农破产的衰败局面。新中国成立后，为粉碎美帝对我国的经济封锁，学校毅然接受中央的新任务，组织学生多次赴浙江绍兴、嵊县和安徽六安大别山茶区参加绿茶改制红茶工作任务，将红茶销往苏欧。同学们既得到实际工作的锻炼，又与祖国的茶叶发展事业紧紧相扣。

四为基础理论和基础知识扎实，以适应工作的需要。复旦大学是包括文、理、法、商、农五个学院的综合性大学，基础理论课可聘任其他院系的知名教授授课。学校教务部门对这方面也十分重视。如1950级的遗传学是曹诚英教授主讲，农业机械是张季高教授主讲，植物生理学是钱崇澍教授主讲，病虫害是忻介六、蒋震同教授主讲，土壤学是陈恩凤教授主讲等。由于同学们的基础理论学得比较扎实，毕业后在工作中的面往往较宽，包括有农业生产、商贸、加工、商品检验、科研、教学等方方面面，同学们仍能在原有学习的基础上，到工作岗位，坚持学习相关知识，一般两三年之后，就可逐渐成为技术骨干力量。

从1940年创立的复旦大学农学院茶叶组科以来，14年共培养毕业生近

200人。新中国成立后，新的体制使复旦茶人有充分施展才能的良机，在各个工作领域里做出应有的贡献。

吴觉农的科技兴茶思想

2017年4月14日是吴觉农先生诞辰120周年。他毕生从事茶业事业，为中国茶产业的发展做出了许多重要贡献。他在1922年发表的《中国茶业改革方准》一文中写着："中国茶业如睡狮一般，一朝醒来，决不至于长落人后，愿大家努力吧。"（吴觉农选集，54页）这是他在90多年前发表的意见，高瞻远瞩，具有很强的针对性。他提出了振兴华茶的改革方准，从培养茶业人才，改革产、制、销，建立各级茶业改良和管理机构，以及对经费的筹措等方面都有阐述，至今仍有深远指导意义，足以学习借鉴。

1956年周恩来对吴觉农说，准备让你担任全国政协副秘书长，参加一些统战工作，仍可关心茶叶和农业。是年他59岁，离任农业部副部长，担任全国政协副秘书长，并担任科技组副组长（茅以升任组长）和工商组副组长（李烛尘任组长）。

1957年4月，吴觉农以全国政协委员身份到安徽考察，主要了解茶叶生产情况。4月中旬，到安徽农学院，先参观茶业系的茶叶审评实验室，茶叶标本展览室，茶叶化学实验室以及教学实验茶场、茶厂，因时间关系，说好他从六安茶区考察回合肥时，再到安徽农学院召开座谈会。4月下旬，吴觉农先生由安徽省政协、省农林厅有关领导陪同下在安徽农学院教学大楼会议室参加座谈，在座的有副院长干仲儒以及王泽农、陈椽、蒋庆智、王镇恒等人，吴觉农在听取了汇报后，谈了以下几点重要意见：安徽农学院从1954年由芜湖市迁到合肥市独立建院，看了你们的实验室、茶场，招生人数有了扩大，二年制茶叶专修科从1956年已改设立为四年制茶叶本科，年招生90人。今年计划招生60～90人，很高兴。希望能把茶场再扩大一些，加工厂设备增添些机械；学生毕业后，能支援急需茶业技术人才的省；针对安徽茶叶重点茶区祁门、六安等地发展茶叶生产中提高祁红机械化，六安扩大开垦200万亩①山区茶园，霍山红茶品质有待改进提高等方面予以技术支持。

在大搞"阶级斗争"的年代里，政治运动一个接着一个，到了1966年的"文化大革命"，他亲睹红卫兵上门"抄家"，珍藏的资料和文物当做"四旧"被烧毁。他的日记中"吃人民的饭，领人民的钱，没有能为人民工作，感到了不安！"回忆那时荒唐岁月。

1978年党的十一届三中全会之后，迎来了科学春天，年逾81岁高龄的吴觉农先生兴奋不已，于5月27日至6月26日参加全国政协组织在京委员从北京到四川参观遭受"四人帮"破坏的严重情况和粉碎"四人帮"后拨乱反正的大好形势，返京后写成"跟上农业现代化，大力发展红细茶"一文，由全国政协转报中央。之后出席在北京召开的中国农学会扩大理事会，讨论对今后工作的意见，这次会议是"文革"后中国农学会恢复会务的第一次活动。1978年6月30日给我的来信中谓："镇恒同志：我本月二十六日'出门学习'回京整整一个月，把你寄来的信和茶样也搁置了约一个月，抱歉之至！你们的炒片机完成了试验，并制上了瓜片名茶，这是件可贺的喜事，我看了你们寄来的两种瓜片样，分不出手制机制——这当然在我看来就是成功之道了。我记得在六安，霍山原制的瓜片，应与毛尖、梅片，世称'三绿'。即新摘芽和第一、二叶，以手分别将芽作毛尖，第一叶作瓜片，第二叶作梅片并须分别炒制。因芽叶嫩度不同，火力、炒功也应有区别，所获的

①亩为非法定计量单位。1公顷 =15亩。 ——*编者注*

毛尖、瓜片、梅片，色香味也各不相同，并随个人嗜好，分别出售，'三绿'也就此而来。这在你处应当有老茶工可找，最好能请他们按过去手工炒制的方法，重新试制多次，以资比较（瓜片原像瓜子片大小得名）。再，这次的色泽方面已臻上乘（和过去梅片色泽相仿），但香气嫌低，这与采摘较粗的原因和产地的海拔高低也应该有关系。主要采摘得较迟和过老的原因罢？这是推想，请作为参考。我因出门，精神依旧；但医嘱'必须休养一个时期'，故太原之行作罢了，请转告泽农同志等各友人为盼！匆匆函复！恕草率不恭！顺致敬礼！并转候你校茶友！吴觉农 1978年6月30日北京。"我接信后，及时与田兴安、庄维之老师转达吴觉农先生对六安瓜片手制机制的样茶评审意见，商议如何就茶叶香气问题等研究下一步工作，力求把课题做得更完善，不辜负老一辈的中肯殷切期望。1979年"六安瓜片加工机械化研究"前后三年的试验，取得成果，并获安徽省科技进步奖，这个成果的取得，与吴觉农先生的关怀与指导分不开的。

■ 1978年6月30日
吴觉农给王镇恒的
函件（王镇恒提供）

1978年10月，中国茶叶学会在云南昆明市召开第二届会员代表大会暨学术讨论会，吴觉农出席会议，在会上发表具有学术价值的"中国西南地区是世界茶树原产地"论文。被推选为中国茶叶学会名誉理事长。在换届选举工作中，研究副秘书长人选时，吴觉农提出要有利于学会工作，副秘书长人选要有科技领域的，教育领域的，生产加工领域的。根据这个意见，与会的理事们聘任俞永明（中国茶叶研究所）、王镇恒（安徽农业大学）、高麟溢（农业部农业局）三位为副秘书长。与会者一致认为显示吴觉农的科技兴茶思想是反映在方方面面的。

1978年，全国供销合作总社根据茶叶人才的需求，向安徽省人民政府提出，拟在安徽农业大学设立机械制茶专业，为全国培养实用性茶叶机制技术人才。为此，学校派陈椽与我去北京，与全国供销合作总社商谈，其间吴觉农邀陈椽前往他东华门北街住所做客，我陪同。当面向他汇报创设机械制茶专业的设想，并请教有关问题。他听后很赞同，指出：在1943年他就主张国茶制造利用机械的问题，并谈到1946年在上海出任兴华公司总经理期间以及1948年在杭州建立之江机械制茶厂的工作，曾与浙江平水茶区，遂淳茶区，安徽皖南茶区自设制茶厂，从台湾省引进各种制茶机器。目前茶叶生产发展迅速，应向机械制茶方向发展，关键是人才。经筹备，安徽农业大学茶叶系创设机械制茶专业，由全国供销合作总社与安徽省人民政府合办，1978年起向全国招生毕业后全国分配。1980年、1982年我曾两次当面向吴觉农汇报机械制茶专业办学情况及问题。

1980年11月，中国茶叶学会在广西桂林召开年会暨茶叶生产现代化研讨会。吴觉农出席会议，向会上提交"略谈茶树原产地和外销红细茶的问题"论文，并作了报告，论文编入《全国茶叶学会讨论会资料选》。在会议期间，吴觉农与参加会议代表中的原复旦大学茶叶组、科的师生合影。回京后，亲自过问交中国农学会代印，每人一张，放大后分别寄交。还于1981年3月13日给我来信："团体照先印大的，后印小的，共计37张，我这里已寄出者为：你处二张，又我直接寄出9人，也都是大张：冯金炜、何耀曾、谷应、庄任、张志澄、我自己、张堂恒、胡光亚、罗齐祐（罗的左面第一人未寄），又第二排贡惠英、高麟溢，总计寄出13张，勉可应付。费款不多，已由我付清，请勿与各友计较。……底片在我处，如需添印，可请来信。"充溢着师生友谊之情，十分亲切。

吴觉农1919年在浙江以优异成绩报考录取以公费赴日本留学，在日本农林水产省静冈县牧之原国立茶叶试验场，专攻茶叶科目，在日本静冈茶叶试验场（现称日本野菜茶叶研究所）学习期间，他收集了不少国家茶叶生产、制造和贸易等方面的有关资料进行研究，并撰写了《茶树原产地考察》《中国茶业改革方准》等文章，分别刊登在1922年《中华农学会报》第37期〈学艺〉、1922年《中华农学会报》第37期上，引起各方面的重视。1950年以来，日本北村四郎、布目潮沨、田边贡、鸟屋尾忠之等均认为茶树起源于中国，与大叶种有密切关系。日本名城大学桥本实教授、日本丰茗会会长松下智、日本吉泽仁等先后就吴觉农提出中国西南地区是世界茶树的原产地，开展研究，并多次来中国进行实地考察、调查。桥本实于1973年在《茶的传播史》中指出，在细胞遗传学上，中国种和印度种的染色体数目都是 $2n = 30$，二者无差异；在外部形态上，中国东部（包括台湾省）到海南岛以至泰国、缅甸和印度阿萨姆等地发生连续性变异，这些变异是由于地理条件、环境的不同而造成的；可以说明，这些地区的野生茶树，在形态上是相似的，因此，中国西南地区是世界茶树的原产地，否定原产地在印度阿萨姆。1981年吴觉农会见日本丰茗会会长松下智时，也曾就茶树原产地等问题进行交流与探讨。

■ 吴觉农1981年在北京与日本名城大学桥本实教授（照片由日本小泊重洋提供）

1980年我曾去拜访吴觉农先生，得悉他以83岁高龄曾去云贵高原视察发展红细茶生产，呼吁大力发展红细茶的情况。并谈及撰写茶树原产地的文章的安排。委托吕允福教授、张堂恒教授在调查研究和收集资料的基础上进行。

1981年我又一次登门拜访吴觉农先生，他十分关注我茶出口贸易问题，复兴历史地位，从20世纪30年代去国外考察，认为现代国际市场贸易以红茶为主，绿茶约为1/10，红茶约为9/10。数十年来，国际红茶品质规格有些变化，从条型红茶逐步运销碎型红茶，国外市场消费由散装茶向袋泡茶发展，红细茶生产工艺，由盘式揉切机为代表的传统工艺茶，向以"CTC"

为代表的新工艺茶发展。他于1978年起，分别到云南、广西、广东、海南等地考察，提出发展大叶种优质红细茶出口的建议，认为中国茶叶公司是组织经营红茶出口的国家级茶叶企业，经理人选十分重要。他当时考虑有两位适宜人选担任总经理，并征求我的意见，出于对长辈的尊敬以及为茶业事业无限忠诚的精神所感动，我当面讲了对这两位"候任总经理"的个人见解，而内心十分令人钦佩这种不耻下问的敬业精神。施云清在20世纪80年代出任中国茶叶进出口公司总经理任职期间，1989年中国茶叶出口量曾达到20.4万吨，创新中国成立以来茶叶出口最高纪录；另与内贸、农业部门合作，在北京举办首届《茶与中国文化展》，到会的人士中有美、英、日、港、台等国家和地区80多个，除弘扬中华民族文化外，还达到数千万美元茶叶合同。

为庆祝吴觉农先生九十华诞暨从事茶业工作70周年纪念，中国茶叶学会于1987年4月13日在北京举行祝寿会，吴觉农偕夫人陈宣昭、公子吴重远等出席。中央农业、商业、外贸三部和浙、沪、皖、闽、鄂、滇、豫等省市共30多个单位派员并友好人士计80余人到会祝贺，赠寿礼、寿幅等示贺。我代表安徽省茶业学会出席并讲话。事后吴甲选先生对我说："你请画家朱白亭所作的'松鹤延年'寿画很受家父所喜，挂在家中欣赏。"吴觉农先生于1987年10月24日来函谓："前承您和您系为我庆度90寿辰以重礼，至感盛情！"

吴觉农先生重视科教兴茶，还反映他一贯主张通过办刊、出杂志加强科教兴茶的宣传工作。1941—1944年，他主持财政部贸易委员会茶叶研究所工作期间，曾先后编印《万川通讯》（浙江衢县）、《武夷通讯》（福建武夷山）、《茶叶研究》（福建武夷山）三种定期茶叶刊物，其中《茶叶研究》连续出刊办三年（1942—1944年）。同时还发行《武夷岩茶土壤》等调查研究报告十余种。

纵观吴觉农的一生，他既是一位学识渊博、治学严谨、勇于创新的茶学家、著名教授，又是旗帜鲜明、锐意改革、满怀激情的社会活动家，更是一位关爱青年、高瞻远瞩、心胸宽广、凝聚力影响力号召力极强的复兴中国茶叶的领军人物。学者和茶人高尚的人格力量成就了他的学术事业。吴觉农在70余年的事茶生涯中，为中国茶业复兴和发展做出了历史性的巨大贡献。他

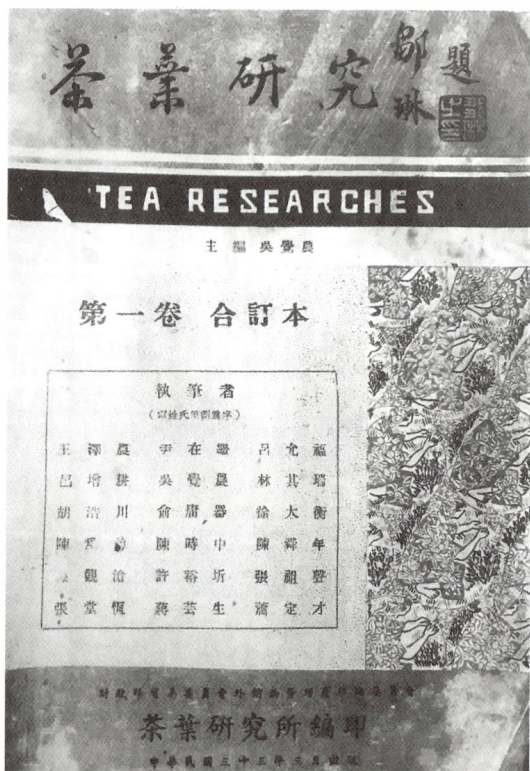

■《茶叶研究》第一卷合订本封面（戈佩贞、刘宝顺提供）

在复旦大学创办了中国乃至世界历史上第一个茶叶专业，为高等茶叶教育体系积累了宝贵经验，今日发展设有高等茶学本科以上的高等院校已达22所。他团结一批志同道合的茶人，创立中国第一个国家级的茶叶研究所，开辟全国科技兴茶之路。

值得特别指出的，82岁高龄的吴觉农主持了《茶经述评》的编写工作，在整个编撰过程中，三易其稿，为此他还先后前往四川、云南、广东和广西

等省区进行调查研究，如为了茶树原产地和我国生产红细茶等问题进行研究，收集了第一手资料，经5年紧张、艰辛的工作，吴觉农精益求精、孜孜不倦努力下，在编撰成员通力协作下，1984年《茶经述评》终于完稿，这部包含了吴觉农深厚的茶叶实践经验和理论沉淀的巨著一经问世，得到多方好评。时任中共中央宣传部部长陆定一在《茶经述评》的"序"中给予高度评价："吴觉农先生的《茶经述评》，就是20世纪的《新茶经》"，"吴觉农是当代中国的茶圣，我认为他是当之无愧的"。

吴觉农毕生倡导并身体力行的"茶人精神"教育了几代茶人。他说：我从事茶叶工作一辈子，许多茶叶工作者、我的同事和我的学生，为茶共同奋斗，他们不求功名利禄、升官发财；不慕高堂华屋，锦衣美食；没有沉溺于声色犬马、灯红酒绿。大多数人一生勤勤恳恳、埋头苦干、清廉自守、无私奉献，具有君子的操守，这就是茶人风格。他一生刚直不阿、廉洁奉公、严于律己、宽以待人、无私奉献、以身许茶，是我们每个茶人学习的楷模。

陈 椽

陈椽是我国现代高等茶业教育奠基者之一

陈椽（1908—1999）1934年毕业于北京大学农业化学系，为安徽农业大学一级终身教授，先后执教于福建集美农业学校、浙江英士大学、上海复旦大学、安徽大学、安徽农业大学，长期致力于茶学教育和茶业科学的研究。我1950年考入复旦大学茶叶专修科学习，是先生的学生；1956年调至安徽农业大学茶业系任教，与先生一起工作直到退休，先后达40多个春秋。回忆几十年来从工作、生活、思想、做人各个方面，从先生身上学到太多太多的做人道理、敬业思想、做学问精神，令人受益匪浅，终生难忘。

1940年他在浙江英士大学茶叶专修科任教，当时日本侵略者的飞机到处狂轰滥炸，学校数度迁址，教学、生活都十分艰难。没有教材，他深入茶区，到茶场、茶厂、茶市、茶农，搜集有关茶业资料，编写我国第一本较为系统的高等学校茶学教材《茶作学讲义》，内容包括茶业概论、茶树栽培、茶叶制造、茶叶检验等。

1946年进入上海复旦大学茶叶专修科任教后，他为了创立高等茶业教育体系而努力一生。

首先是编写、出版高校茶学教材。1948年起上海新农出版社出版了陈椽编著的《茶树栽培学》《茶叶制造学》（第一、二、三册）、《茶叶检验》《制茶管理》4种教材。我们当时做学生，有了这批茶叶专业教材，学习上

大有帮助。1952年复旦大学出版《六大茶类传统制法》，是茶专科的补充
教材。

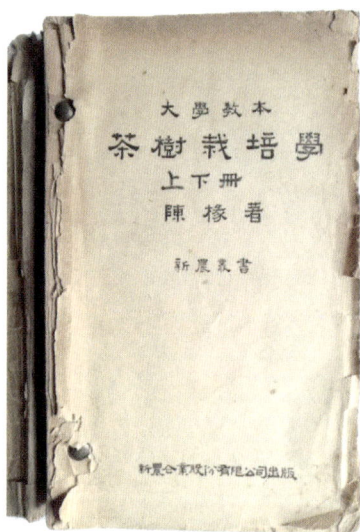

■ 陈椽著《茶树栽培学》封面（陈上正提供）

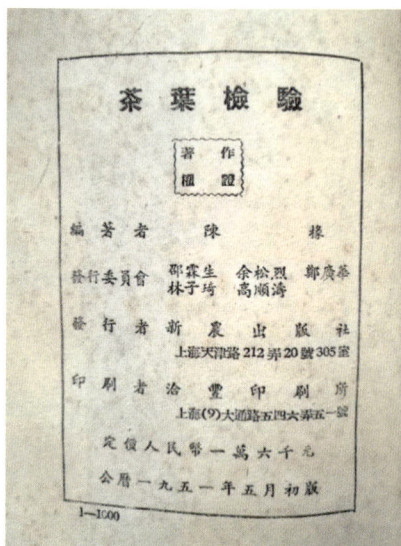

■ 陈椽著《茶叶检验》版权页（陈上正提供）

■ 陈椽著《茶叶制造学》第一、二、三册封面（陈上正提供）

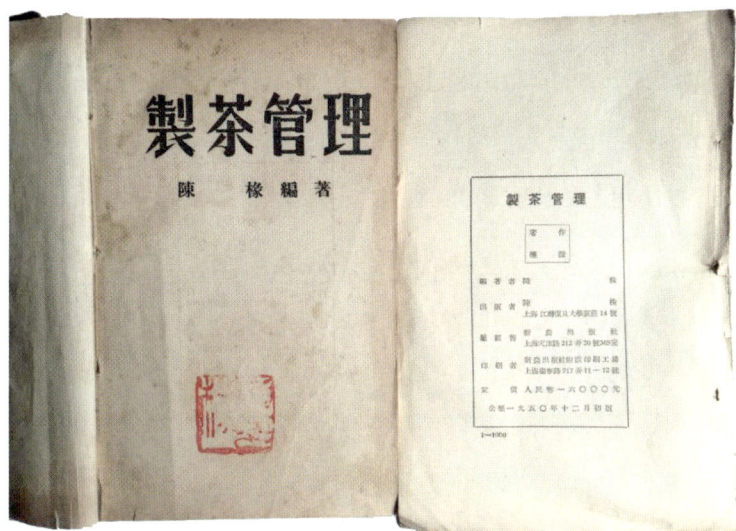

■ 陈椽著《制茶管理》封面和版权页（陈上正提供）

其次，他担任茶叶系科主任（复旦大学1950—1952年，安徽大学1952—1954年，安徽农业大学1955—1972年）先后达20多年，亲自对茶学专业的教学大纲制定、课程设置、生产实习基地建设等各方面逐年进行小结、改进，使高等茶学教育不断完善与提高。

他治学严谨，诲人不倦，几十年来一丝不苟。平日他对每一堂课，采取启发式的教学，要求学生在上课前预习教材，对不能理解的内容，先在同学间切磋，不能解决者，在课堂上请教老师。农业部委托安农大举办的制茶学助教进修班及来进修的外校教师，基本上都是采取这种教学方法的。如先后来进修的外单位人员中：西南农大刘勤晋、司辉清等，四川农大蒋作明、陈昌辉等，福建农大叶延痒、叶宝存、孙云等，广西农垦大学石坚、何志强，上海军天湖农场马力等10人。农业部委托举办的助教进修班11人，均由陈椽担任制茶学等课程的教学。1952年3月，华中农学院茶叶专修科1950

级学生53人，在陈润芳老师带领下来到复旦大学茶叶专修科毕业实习，院长钱崇澍教授十分重视，要求科主任陈椽妥善安排。我班的班三角（班团支部书记、班长、学习委员称班三角，我当时是其中一员），按院、科领导的意见，做些力所能及的工作，热情接待，友好交流。当时陈椽副教授、庄晚芳教授、王泽农教授、管永真讲师分别做了有关茶叶专题讲座，并与华中农学院茶专科1950级的班干部同学李明模、徐福祥、刘祖生、张木兰等同学一起商议召开联欢会，参加文娱晚会，大家玩得十分开心。其间并与我班同学一起参加华东地区高等院校应届毕业生统一分配工作学习班的活动，听取有关报告。半个多月后，离开上海去杭州。

陈老师平易近人，和蔼可亲，对青年教师的培养，不遗余力。我是1956年夏从六安实验茶场调入安徽农业大学任教的。1952—1956年，在茶场工作中曾从事并参加新建茶园，从土地规划、设计、开垦、土壤改良、良种选育、苗圃管理、移栽成园、幼年茶树培育，包括田间管理、抗旱防冻、树冠修剪、病虫防治，以及采摘护棵、初制加工、审评定级等各个实践，四年中周而复始，从实践中向茶农学习实践操作技能，把书本基础知识、理论与实际相结合。并到六安地区产茶的霍山、金寨、舒城、六安等地推广新的先进的茶叶生产、制造技术。我初到学校，由于缺乏教学经验，不了解教学特点。安农茶专科改为四年制本科后，急需加强充实师资。系主任陈椽当时安排我做两方面工作：一是担任茶树栽培学的教学，先从带学生的教学实习到生产实习入手，为独立主讲课堂教学做些准备；二是担任茶业系教学实验茶场场长，把茶场管理好，建设好，逐步适应学生的教学实习及部分生产实习的需要。为此，他于1956年9月下旬至10月底，安排一个多月时间，亲自带我一个人走向国内主要茶区的大型国营茶场（厂），初、精制茶厂，省、县（市）农业行政管理部门，茶叶公司，茶叶市场，茶叶收购站等进行学习、调查研究、收集资料。第一站是到安徽宣郎广茶场了解万亩大型茶场的设计规划。第二站是浙江安吉茶场，茶叶技术干部孙松祥介绍新茶园建立的规划，年度生产计划制订，茶叶加工初制厂的布局、设备、品质检验等。第三站是杭州茶厂，该厂技术人员孙守成着重介绍西湖龙井的成茶品质，鲜叶要求；后在浙江省茶叶公司，业务主管陈观沧介绍全省茶叶贸易概况及经验，再到浙江省农业厅，承张家治介绍浙江省全省茶叶概况，发展规划，存在问题，在茶叶科胡坪老同学处查阅有关茶叶资料。第四站到温州茶厂，陈为焕介绍温绿历史、现状，并在厂里见习温绿生产工序，当时正值四家公私合营茶厂合并加入国营温州茶厂，承担加工出口绿茶任务。第五站是福建政和茶厂，这里是陈椽在1940年前工作的地方，对白茶一览无余，两天的时间内，一直未接触过白茶的我，从采摘到加工等诸方面，收获良多。第六站在福州，从茶市到省农业厅，王乾镐介绍全省茶树良种，概述生产简况及特点，并令人对这座久闻大名、规模宏大的花茶加工为特色的福州茶厂大开眼界。为了了解窨花的过程，我一宿未睡，在高朝泉指导下进车间跟班学习花茶加工工序，并在省茶叶进出口公司的审评室吴永凯处品审福建不同品种的诸多乌龙茶、花茶等。第七站在广州，受到省茶叶进出口公司的几位同学的妥善周到安排，张达师介绍全省出口茶叶的现状，提供不少有关资料，并参观广州茶市、茶厂，品评滇红、粤红、普洱茶等。第八站由广州从水路到达广西苍梧，第一次看到六堡茶的加工、包装，了解其品质特点。收集资料，对我来说，这里一切都是新鲜的，或请教陈椽老师，或请教生产者、经营者。给我留下十分深刻的印象。第九站到四川成都，在老茶人裘览耕的陪同下，要学习这个古老茶区的东西太多了，从茶区的生态环境、历史变迁、古老茶树，大片野生乔木型茶林，栽培茶树有灌木型、小乔木型的，生产现状、特点及发展前景，以至生产的川红、川绿、普洱边茶、名茶、花茶等。虽然停留了五天，安排实地参观、考察、查阅资料、听取介绍，由于资源丰富，地大物博，历史久远的四川茶区尚有待今后不断地学习。四十多天里，陈椽老师始终精神饱满，克服生活不稳定等困难，认真地指导我沿途实地调查，虚心学习，注意收集资料，记下心得，发现问题，继续探讨。我先后四次将采集到的各地不同茶树品种的标本60多种、收集各种各样茶叶样品40余种寄回学校，待后整理供教学备用。这次在我国主要南方茶区的实地考察、调查、学习、收集资料、采集标本等方面收获良多，为我在安农当个合格的教师打下了基础，深深体会到良师如慈父，用心良苦的深厚师生情，亦师亦父。

1958年秋，我初次走上讲台，主讲茶树栽培学，该班是农业部委托安农大举办的茶叶干部专修班，为期一年。我事先写好讲稿，经陈椽老师修改，他还在课堂听我讲课，课后提出意见，及时总结提高。在召开学生座谈会时，该班陈武生、方金福等学生对我的讲课表示肯定。现在回忆60年前的"老带新，手把手"的培养青年教师方式，值得学习推广。

他担任制茶学主讲教师，指导学生制茶实习，言传身教。在现场制茶操作技术的传授时，为了制好一种茶，常是连续进行。尤其是一些工序如手工杀青，高温之下，满头大汗，持之以恒，直到深夜，连吃饭都顾不上。制茶实习是有阶段性，在一定时间里，一个小组、一个班级，要求每个学生都能亲自动手，直至学会操作，掌握要领，特别是对几个有代表性的名茶、主要红绿茶的实习，他从不马虎了事。

1957年他晋升为教授，更加致力于提高教学水平，开展科学研究，常是利用寒暑假的时间到茶区调查研究，结合教学、科研的实践，不断充实教材内容，提高教学质量。他受农业部委托，四次主编高等农业院校教材《制茶学》，第一版是1979年出版的。1978年9月他不顾年迈体弱，70岁的他不畏路途遥远，带领9所农业院校茶业专业教师深入云南、贵州、四川等地茶区，历时一个多月，搜集有关资料，以充实教材内容。之后他又编著《制茶技术理论》，作为研究生的教材，主编《中国名茶选集》为制茶学的补充教材。

半个多世纪以来，为国家培养了几代茶业科技人才，80多岁高龄仍坚持风雨无阻地亲自到课堂为学生讲课，他为二年制茶叶专修科（1947—1957年）、四年制本科（1958—1994年）以及研究生讲课，先后招收硕士研究生12名，包括制茶、茶叶机械、茶叶检验、茶史、茶叶贸易、茶叶市场方向的，培养的研究生是丁晓芳、宛晓春、孙晓鸣、彭代胜、施和森、吴雪原、王亚雷、岳鹏翔、蔡胜友、李运涛、黄天福、吴良琴。之外，还

■ 陈椽编著《茶业通史》（第一版封面）
（王镇恒提供）

曾为农业部、商业部、江苏省农业厅举办过助教进修班，制茶技术培训班，蚕专茶叶科(专业课)，茶叶干部进修班，讲授制茶学。

陈椽老师对学生热情帮助，体贴关心，经常有学生登门求教，他从来不以来访者、来函人身份高低、年龄大小而区别对待，有求必应，来者不

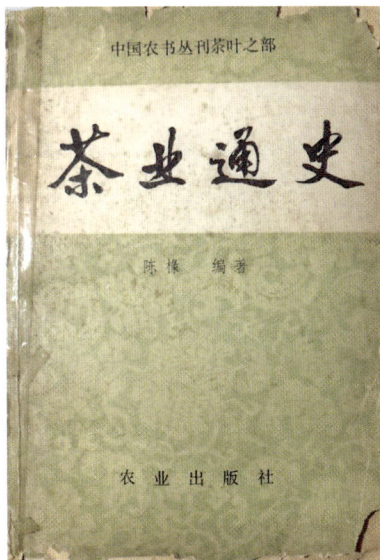

拒，这是他一贯的待人准则。六安县金安区茶农奚德发于1995年将自己创制的华山银毫茶请他审评，得知是位从事茶叶生产的农民，能制出每500克达十多万个茶芽的高级绿茶，赞许不已，让他参加安徽省茶业学会举办的名优茶评比，并得奖。1997年上海大世界吉尼斯之最，授予芽蕊茶之最——华山银毫，每500克有芽蕊17万。

茶叶专修科"茶叶机械"课程，是1951年由张季高教授首次开设的，当时任茶专科主任的陈椽找到复旦大学农学院农艺系的张季高教授，商议请他为茶专学生开设"茶叶机械"课程，并说："茶专众多课程中生物学方面课程已较全面，基本上能适应当前茶叶生产的要求，但缺少一门茶叶机械课程，学生毕业后在栽培和加工业务中遇到机具方面的问题解决不了。"但张季高是从美国留学于1947年回来的硕士，年龄31岁的教授，对茶树栽培和茶叶加工内容过去从未接触过，陈椽就十分痛快地答应，这方面我可以帮你。这样张季高就以教学之余向陈椽求教茶的栽培与加工知识，还介绍一本英国人在印度写的茶叶加工一书，于是他就根据茶树栽培管理方面的需要从农机具中选择耕、耙、起垄、播种等机具，从茶叶采收及加工等机械中采用了那位英国人著作中的机械，编写成讲义，并为此制造了一些用脚踏为动力的茶叶加工机械作为教具。之后，首次开设茶叶机械课程，一直延续到并为茶叶系茶学专业正式开出茶叶机械课程，成为编写茶叶机械基础、茶叶生产机械化的教材开拓者，亦为1978年安徽农业大学增设机械制茶专业打下基础。

陈椽经历了政治运动

人类活动无比丰富，人们生活中所历、所见、所闻的种种活动和认知，尤其是新中国成立以来，历次的政治运动，大学不是处于真空，而是使每位从事教育的教学工作者，都会在共和国旗帜下，经过反右斗争、下放劳动、"文革洗礼"、改革开放一系列活动，与茶业系一起不断充实、提升、壮大！

1957年4月中国共产党决定全党进行一次整风运动，安农大也和全国一样，开始了反右派斗争，茶业系师生员工都受到一次深刻的政治教育。当时安农大的农学系、农经组、林学系、牧医系中有几位老师被划为右派分子，直至"文化大革命"前分批平反。茶业系学生中，60届有10位，在1958年春被划为右派分子，2位打成现行反革命分子，到"文化大革命"结束后，才得以平反。

1958年，全国政治运动进入高举"三面红旗"的年代，学生一步一步离开了课堂，什么放卫星、大办钢铁等活动在校内陆续展开。1958年下半年，时任中共中央政治局候补委员、中央文教小组副组长的康生到安农大视察时，提出："要拜农民为师，向农民学习。"1958年11月安农大组织师生下农村，茶业系把系里师生分为两部分：一部分教师与60届学生80多人（包括教师陈椽、王镇恒、江光辉等）于1958年11月8日从合肥出发下放到歙县黄山人民公社参加劳动锻炼；一部分教师与61届学生35人留在校内，参加教学茶场（厂）劳动。我当时在黄山人民公社达7个月，集体住在农村空闲房里，自办食堂，平时与农民一起参加劳动。开始农村风行"鼓起干劲劳动，放开肚子吃饭"，劳动内容有挖茶园、移栽老茶棵、烧炭、砍竹子……茶季搞日采茶叶超百斤。陈椽先生住在农民家中，与学生一起吃食堂，参加劳动。12月的一天，在茶山挖茶棵时，不慎跌伤，提前回合肥治病，从他当时的日记中曾有以下内容："参加生产劳动，旧茶园归并，同时进行老茶树移栽的研究，总结了茶农移栽老茶树的丰富经验，集体分析讨论研究，补充理论部分写成科学论文，充实现有茶树栽培学的内容，无论从生产上、教学上、科研上都有重大意义。通过两三个月的劳动，精神是愉快的，收获也不少，体会劳动人民的伟大。"我们师生在农村与农民一起过了个愉快又热闹的春节，到了夏天，下放劳动锻炼告一段落。师生从黄山返回学校。

1966年春夏之交开始的"文化大革命"，到1976年10月"四人帮"垮台，历时十年。

1967年"一月风暴"后，对立两派情绪上升，校内气氛趋于紧张，武斗屡见。5月间，我与茶业系教师严鸿德、徐静庄从合肥"拉练"到上海，我住在上海陕西南路一座供各地来上海"拉练者"居住的别墅一个多月后，待武斗基本平息，回到合肥。1967年深秋，在武斗结束时进驻学校的"军宣队"和"工宣队"，带领滞留在学校既不上课也未毕业的大学生、教职员工下放到农村搞"斗批改"，1967年10月茶业系学生、部分教职员与林学系师生在军宣队带领下到安徽滁县琅琊山林场住下。我全家是在林场一家刘姓的工人家中借房而居，自起伙食。由于琅琊山林场没有茶园，与参加专业劳动要求难以实现。1968年5月，茶业系1965级学生29人及部分教职员工由军宣队带领，到盛产茶叶的徽州地区屯溪镇屯光公社泉渊坞村，一边学习政治，一边参加茶园劳动。学生集体住在茶农家里，教职员工分散住入茶农家空置房，自办食堂，配有炊事工人及管理人员。1969年1965级学生分配工作离开后，部分教职员工到凤阳校区报到，部分仍留守在泉渊坞，自炊自食。1970年初夏，安农大滁县分院选址在滁县沙河集蚕场开始筹建，工宣队和茶业系教职员工（包括陈椽、王泽农两位老教授从合肥来到）同住在一间养蚕室里。在蚕场食堂用餐，并一起参加改桑园为茶园的劳动。

经历停止招生4年之久的安农大，在准备"要复课闹革命"之际，农学系选点在宿州县城南紫芦湖农场，学校总部设在这里，牧医系在凤阳县凤阳农校，为安农大凤阳分院，茶业系、林学系、蚕桑系选址滁县沙河集为安农大滁县分院。安农大总院在宿州，下设凤阳分院、滁县分院，成为三点办学。而原安农大合肥总院当时是6408部队的营房。只有少数教职员工留守居住在其间。

在"文化大革命"期间，高等教育受到影响，从1966—1969年没有招生。1970年、1973—1976年先后招收工农兵大学生，1977年恢复本科生招生。其间，学校教学、科研活动均曾停滞。陈椽在这段时间，被迫离开教学、科研岗位，但他仍坚持写作，夜以继日地撰写了国内外第一部茶史专著《茶业通史》，以及《中国茶叶外销史》《茶药学》，三部共100多万字的茶叶专著，并向在北京召开的全国科学大会献礼，从而表达了一个知识分子对党和人民的赤诚之心，同时他还向国务院提出中国茶业高等教育发展的建议书。

安农大滁县分院的布局是分散在沙河集的河边相距300～500米的三个山头，呈坐北朝南的北山头为蚕桑系，东山头为林学系，西山头为茶业系，形成一个"品"字形排列，后来又在中间增加了一个中山头。

1970年起，茶业系招收1970级工农兵学生40人，陈椽教授、王泽农教授等均再登上讲台。陈椽从合肥举家来到沙河集镇上，租当地居民草房小屋而居，在克服年事已高、生活条件艰难的情况下，坚持担任制茶学的教学工作。

茶业系招收工农兵大学生后，要编写"新教材"，组织部分教师到舒城县舒茶人民公社九一六茶场，办学习班，接受贫下中农"再教育"，接着又到霍山县茶区开展调查，收集资料，编写茶树栽培学、制茶学等新教材，并油印成册。1970年9月，浙江省特产局局长张家治、浙农大茶学系教师刘祖生一行曾到合肥、舒城了解考察安农大茶业系的教学工作情况，并到舒茶人民公社九一六茶园参观。

1970年初滁县分院新建简易的教室、宿舍、食堂先后完工。10月，工农兵大学生进校，教学工作恢复了。茶业系发动师生参加新辟茶园、新建制茶厂。授课的老师，除了学校原有的以外，专业课还到祁门、金寨两县聘请了两位老茶农李师傅、郑师傅，担任茶树栽培、制茶课程中实践性较强的教学任务，现场边做示范操作边讲解授课。茶业系的专业教师当时有陈椽、王泽农、周海龄、王镇恒、林鹤松、张汉鹄、陈慧春、陈以义、华铁民、徐静庄、田兴安、谢晓凤、严鸿德等，茶业系党支部书记朱履杰，副书记宛志沪，系主任陈椽，副主任王镇恒、武蕴礼。

■ 第二次茶业专业教材编写协作会议代表在长沙合影（王镇恒提供，前排右一为王镇恒，右二为莫强，右三为陈椽，右四为张堂恒，右五为王泽农，右六为叶廷痒）

1977年，全国供销合作总社提出拟委托安徽农业大学创设机械制茶专业，以培养具有机械制茶技术的人才。1978年上半年，学校派陈椽与我赴北京，与全国供销合作总社面议有关该专业的培养目标、课程设置、教材建设、招生规模、师资队伍等有关问题。由于双方均具诚意，基本上达成一致意见。1978年秋，安徽省人民政府、全国供销合作总社签署协议书，同意省部合办，在安徽农业大学设立机械制茶专业，学制四年，报教育部核准，1978年起面向全国产茶省（区）招生，年招90人。1979年，全国供销合作总社拨款给安徽农业大学教学、科研经费200万元，新建一幢茶业楼，二幢学生宿舍，二幢教师宿舍，扩建制茶厂，增添一批教学、科研、文体设备。机械制茶专业的学生，来自全国，毕业后面向全国分配工作。陈椽教授为了适应教学的需要，从1982年起，先后编著出版的教材有《茶业经营管理学》（1982年，农业部社队企业管理局）、《茶叶商品学》（1991年，中国科技大学出版社）、《茶药学》（1987年，北京展望出版社）、《茶叶贸易学》（1991年，中国科技大学出版社）、《茶叶市场学》（1994年，中国农业出版社）。

陈椽致力茶业科学研究，推动茶业科学和茶叶生产发展

陈椽在从事茶学教育的同时，还不间断地开展科学研究，1941—1997年先后发表论文近200篇，有的被译成英、日、法文发表在国外有关刊物上。"茶叶分类理论与实践"一文是1979年陈椽发表于《茶业通报》，该文以茶类的发展历史，结合制法与品质的系统性，内质主要变化，分为绿茶、黄茶、黑茶、白茶、青茶和红茶六大茶类。以他的茶叶变色理论为基础而提出新的茶叶分类法，这一科学分类法的提出和应用，不仅对茶学教育、科研和生产流通领域产生深远的影响，而且传播到海外。该论文发表在法国植物生理史专刊上，引起了国际上的广泛关注。2004年，我应邀访日期间，在日本东京召开的茶业学术研讨会上介绍陈椽的六大茶类分类法时，在座的日

本著名香气专家山西贞教授等茶界人士表示理解。1979年，陈椽等的"中国云南是茶树原产地"一文在《中国农业科学》（1979年1期）发表，之后陈椽又以"为茶树原产地再进一言""再论茶树原产地"为题分别在1979年、1981年《茶业通报》发表，论证了中国云南是茶树原产地，批判了二元论和非中心论，驳斥了英、美、日、印等国某些学者提出的"茶树原产地是在印度阿萨姆，而中国茶树是从那里传来的"错误观点。

他编著的《茶业通史》一书，酝酿于20世纪60年代，1984年由农业出版社出版，作为全世界首部茶业通史著作和世界茶史的扛鼎之作，一经出版，广为流行，远播海外，享有盛誉。2005年，以陈椽生前对《茶业通史》的批改本为基础，经安农大丁以寿副教授、中国农业出版社穆祥桐编审努力下，于2008年陈椽诞辰100周年之际，由中国农业出版社出版《茶业通史》第二版，与读者见面。

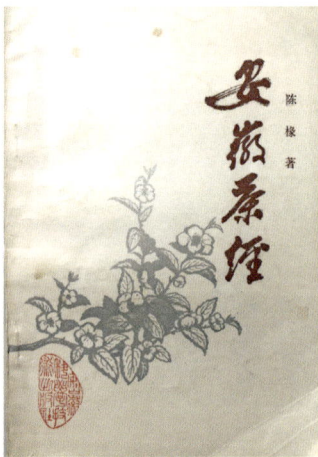

■ 陈椽著《安徽茶经》封面（王镇恒提供）

陈椽心系福建故乡，情牵茶缘

陈椽1908年3月出生于福建省惠安县崇武一个小商家庭，1934年26岁毕业于北平大学农学院后，长期在外工作。离家几十年难忘乡情，浓重的闽南口音则是他一张名片，他自己往往诙谐称惠安之"地瓜味"。他一直关注着福建茶叶的生产、教育，1937—1940年，三次回闽工作。1937年任福建省集美农业职业学校教员、教务主任、农场主任、代理校长；1939年任福建省茶业管理局技正、福州办事处代主任兼福建省贸易公司茶叶部襄理；1940任福建示范茶厂技师兼政和制茶厂主任。他在政和工作期间，通过调查研究，收集资料，提出"陆羽《茶经》中'永嘉县东三百里有白茶'，应是永嘉县南三百里有白茶，因永嘉县东三百里是大海"，并在《安徽茶讯》1941年10月1卷、1941年11月1卷发表他的文章《政和白毛猴之采制及其分类》《政和白茶制法及其改进意见》，为政和白茶的发展做出贡献。1939年张天福先生任福建示范厂厂长，两人交往甚为密切。据张天福曾回忆说：在创办福建茶叶改良场、崇安示范茶厂、省立福安农业职业学校时，他都是精选人才的，其中就提到陈椽教授。1995年，陈椽将一个亲自镌刻的茶罐赠送给张天福。至今，承载着两位茶界前辈之间深情厚谊的茶罐，已由张天福之子张德友交出，现放展于张天福纪念馆内。茶罐上镌刻着"武夷山茶

■ 陈椽1995年赠予张天福的锡茶罐（郑迺辉提供）

第五届国际无我茶会 第四届武夷岩茶节纪念 武夷岩茶肉桂 八三茶人陈椽题一九九五.十.二十八."。

　　将成果编写到制茶学教材里，并发表论文"茉莉花茶生产革新试验研究""茉莉花理化性质"于《茶业通报》杂志。1983年福建惠安茶厂技术员陈显刚写成"闽北青茶新技术的理论与技术"一文寄给陈椽予以指正，经修改并推荐在《茶业通报》发表，1987年他回乡省亲，莅临惠安茶厂考察时，对家乡生产的名茶铁罗汉推崇备至，评价颇高。1950年，福建农学院开设有"工业原料

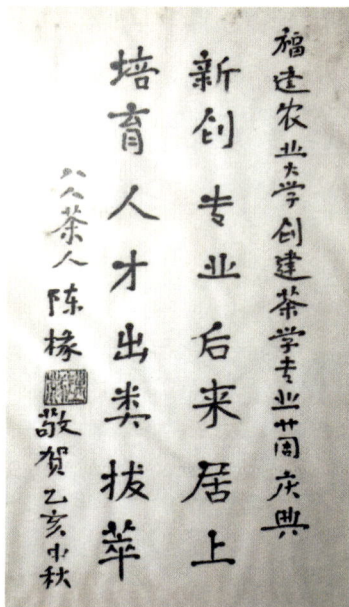

■ 陈椽题词："新创专业后来居上　培育人才出类拔萃"（孙云提供）

作物学""食品加工学"课程中的有关章节安排了茶树栽培和茶叶加工方面的内容。陈椽曾多次提出建议，在福建农学院应增设茶叶专业。1975年茶叶专修科在福建农学院开始招生，当时师资紧缺，先是派叶延痒老师到安徽农学院进修茶树栽培学。时任系主任的陈椽派安徽农学院茶业系林鹤松副教授、江光辉副教授先后应邀到福建农学院茶专科讲授茶叶生化、制茶学课程，并帮助筹建实验室及培养青年教师。嗣后，福建农学院还有叶宝存、吉光温、孙云等老师到安农进修。1985年陈椽受邀到福建农学院开设并主讲茶叶商品学课程。至今福建农业大学茶学系办公室还保存着陈椽于1995年为该校创建茶学专业20周年的题词。

　　陈椽对武夷岩茶的生产十分重视，从武夷茶的起源入手，撰写的《武

夷茶三起三落》一文中推断：武夷茶约起源于南北朝时，认为武夷岩茶的制作技术独一无二，是最先进的，无与伦比。在制茶学的实习中，他或安排学生到武夷山市参加现场的武夷岩茶实践操作，或请武夷岩茶专家姚月明来校讲授并指导实习。武夷岩茶(大红袍)国家级非物质文化遗产传承人陈德华、刘宝顺等人曾多次就武夷岩茶的品质、加工技术问题请教陈椽。1991年陈德华请陈椽题写"大红袍 八三茶人陈椽题"，用于大红袍茶外包装盒上，直至现在。后又一次为武夷山北斗岩茶研究所题写"武夷岩

■ 陈椽题字的武夷岩茶大红袍名茶外包装（陈德华提供）

茶 大红袍 九一茶人陈椽"用于大红袍茶包装盒上，还曾为北斗岩茶研究所研制的大红袍茶砖题写了"武夷岩茶 大红袍茶砖 陈椽题"，使之随着武夷山大红袍名茶浸润于世。

1999年去世后，按他生前遗愿，骨灰与夫人合葬于福建有惠安县崇武镇龙湖陵园。

陈椽辛勤耕耘，誉满海内外

陈椽教授为茶业事业呕心沥血60余载，他这种无私奉献的精神和对人民所做出的贡献，深得海内外专家、学者、学生、茶人的尊重和敬仰。他

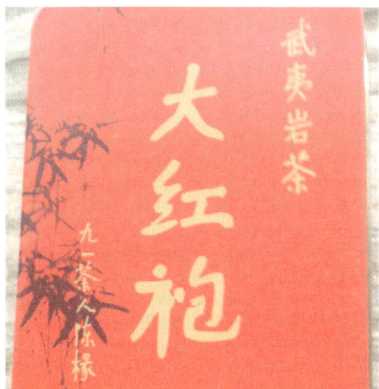

多次被评为先进工作者、先进教育工作者、优秀教师，获教育部金马奖、优秀教育成果奖，入录英国《世界农业科学技术专家名人录》、印度《世界名人录》《中国农业百科全书·茶业卷》现代十大茶叶名人之一。为了纪念陈椽一生为我国茶学高等教育所做出的贡献，2013年由安徽历史编写组编著的《安徽历史》（第五版）一书中（127页）介绍了陈椽的事迹谓：陈椽（1908—1999），茶学专家，我国高等茶学教育的创始人之一，被誉为"一代茶宗"。著有《茶业通史》《安徽茶经》等，被英国科技中心列入《世界农业名人录》。

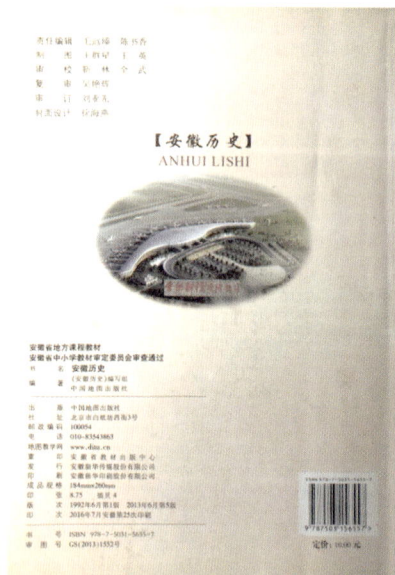

■《安徽历史》封底照片（刘磊提供）

■《中国农业百科全书·茶业卷》茶业专家姓名

　　国外科学家、茶叶专家在盛赞之际，慕名前来求教者多多。1951年5月苏联科学院院长奥巴林院士在我国参加五一国际劳动节之际，来到上海复旦大学，访问陈椽副教授，询问关于中国黄茶的制作方法，陈椽把自己多年来在茶叶化学方面研究内容，以提纲式写在教室的黑板上。奥巴林发现自己的假说"茶叶发酵与呼吸有关"的观点是错误的。回国后，在苏联杂志上发表文章高度赞扬陈椽在茶叶领域里所做的研究成果具有贡献，文中写道："谁说中国人不研究茶叶，复旦大学陈椽教授不是在卓有成效地研究吗！"日本研究黑茶专家将积祝子教授于1987年从日本到合肥参加陈椽八十寿辰活动，在祝寿会上说："陈椽先生是我的导师，他像慈父一样对我循循善诱，进行多方面的教诲，今后还要继续在陈椽先生指导下，深入开展研究……"日本丰茗会理事长松下智于1987年专程到合肥拜会陈椽先生，向他求教制茶起源、饮茶历史、茶树原产地等问题；台湾中华茶文化学会理事长范增平两次登门求教，写出《陈椽导师茶学思想初探》一文被选登于《陈椽论文选》（1998年，安徽科技出版社），并将陈椽编著的《中

■《陈椽论文选》封面照片（王镇恒提供）

■ 九十岁的陈椽教授（选自《陈椽论文选》）

■ 陈椽与日本将积祝子夫妇合影于1987年安徽农大实验室（孙云提供，前排王镇恒、陈椽、将积祝子夫妇）

■ 1987年陈椽与日本丰茗会会长松下智、日本堤定藏商讨饮茶起源等问题时在安农大茶叶审评室合影（陈上正提供，右一陈椽、右四松下智、右五堤定藏）

国茶叶外贸史》一书于1993年在台湾台北碧山岩出版社出版，1998年在他九十华诞时出版《陈椽论文选》。

陈椽身系茶农，大力开发名优茶，为茶区脱贫致富贡献力量

改革开放以来，陈椽每年都有几个月时间深入茶区山村，送科技下乡，指导茶农生产，改进制茶技术，创制名优茶。1984年、1986年三次去陕西汉中地区，帮助并指导创制秦巴雾毫、午子仙毫、汉水银梭三个名茶，带动了陕西省茶叶生产发生显著变化，给当地茶农增产增收带来福音；在安徽他多次到霍山、庐江、金寨、六安、青阳、潜山、九华山、太湖、东至、贵池、宣城、芜湖、宁国、泾县、旌德、郎溪、屯溪、祁门等地的茶区，指导恢复历史名茶敬亭绿雪、天华谷尖、瑞草魁、六安龙茶；新创名茶天山真香（旌德）、金寨翠眉（金寨）、天柱剑豪（潜山）、黄花云尖（宁国）、汀溪兰香（泾县）、祠山翠毫（宣城）、白云春毫（庐江）、天湖风片（宣城）、天湖云螺（宣城）等。

2018年是陈椽教授诞辰110周年，回忆安徽农业大学茶学系从1952年秋由上海复旦大学迁搬至安徽，至今已达60余个春秋，随着教学改革的逐步深入，不断发展、壮大，这是几代人的努力结出的硕果。陈椽老师在安农大茶学系担任系主任时间长达20年（1952—1972）之久，为建立高等茶业教育打下坚实基础，是我国现代高等茶业教育奠基人之一。从1972年以来，茶业系曾十易主任，这十位系主任依次是王镇恒（1972—1982）、林鹤松（1983—1987）、段建真（1988—1992）、江光辉（1993—1996）、林刚（1997—1998）、宛晓春（1997—1998，轻工学院院长兼）、董明（1999—2001，轻工学院副院长，主持工作）、夏涛（2002—2006，茶与食品科技学

院院长）、江昌俊（2007—2014，茶与食品科技学院院长）、张正竹（2015—2019，茶与食品科技学院院长）。几十年几代人形成接力赛之势，办学层次越办越全，从二年制专科——四年制本科——三年制硕士研究生——三年制博士研究生；学科越办越多，有茶学专业、茶机械制茶专业（1978）、茶叶经济贸易专科专业（1985）、茶艺高职专业（2005）、茶学专业茶文化与贸易方向（2011），至今已为国家培养不同层次茶学专业技术人才达5 000多人。安徽农业大学茶学专业为国家首批特色专业，茶学教学团队先后拥有陈椽、王泽农、王镇恒、詹罗九、段建真、宛晓春、夏涛、方世辉、江昌俊、姜含春、李尚庆、张正竹、韦朝领、张劲松等教授，安农大茶学学科是国家重点（培育）学科，农业部和安徽省重点学科，是安徽农业大学首个博士学位授权点、博士后科研流动站，安徽省首批特聘教授设岗学科。茶学重点实验室，先后被批准为农业部、教育部和安徽省重点实验室。2003年，入选科技部首批省部共建国家重点实验室培育基地。历经12年的培育，于2015年1月正式获批为茶树生物学与资源利用国家重点实验室，成为全国唯一的茶学类国家重点实验室。2016年，茶学重点实验室联合美国罗格斯大学、科罗拉多州大学、马歇大学组建成立"教育部茶叶化学与健康国际合作联合实验室"。2002年6月，中华茶文化研究所被批准为安徽农业大学人文社会科学研究基地，以茶史、茶道、茶产业经济为特色研究方向。2005创办全国首个茶艺高职专业，2011年创办茶学（茶文化与贸易）本科专业，培养茶文化和茶叶经济方向的本科生、硕士、博士研究生。先后获批为"安徽省首批省级科技创新团队"（2006）、"安徽省115产业创新团队"（2008）、教育部"长江学者和创新团队发展计划创新团队"（2011）、"全省十大优秀产业创新团队"（2013）、第五届"全国专业技术人才先进集体"（2014）等。

　　陈椽、王泽农两位教授，分别形成安徽农业大学茶叶人文派和茶叶生化派主要代表，人文派者研究茶叶和中国文化紧密相连，而生化派者从生物化学角度将茶叶当作一个植物去研究。事实证明，生化派会导致茶叶在社会生活中饮料将失去主导地位的主要原因，因此使茶界更加重视陈椽的人文理论研究。

茶学名师

拾遗

Chaxue Mingshi Shiyi

庄晚芳

庄晚芳是中国茶树栽培学科的主要奠基人之一

庄晚芳（1908—1996）教授是我在上海复旦大学农学院茶叶专修科求学时的老师，他主讲茶树栽培学，上课吐词清楚，带有福建闽南音调。由于当时授课是他自己拟的讲稿，戈佩贞同学是当时班上茶树栽培学的课代表，她虽然是在上海出生，但对庄晚芳先生的口词听得懂，而且都记在本子上，班上有听不懂、记不下来的，就会在课余时找她看笔记。上海因土壤偏中性，对茶树生长有影响，当时建有小面积的茶园，供教学之需。有一次当讲到茶树植物学特征及茶树生物学特性时，当时担任助教的周海龄老师把盆栽的茶树（二、三年生）搬放在教室的讲台上，庄晚芳老师手执教棒，对着在座学生，把茶树形态特征以及幼年期生长发育进行讲解，令人印象深刻，他平时十分重视课堂教学。

在教学中，他还十分重视教材建设。1961年、1979年和1984年，曾三次受农业部委托，主编全国高等农业院校统编教材《茶树栽培学》。每次编写，他亲自拟定提纲，取舍内容，撰写书稿，从初稿讨论到最后定稿，他严格把关，使教材质量一次比一次提高，从而受到茶学专业师生们的赞扬。在这三次教材编写工作中，我都曾参加。记得特别深刻的，第一版时，我与安徽农业大学茶业系段建真教授承担编写茶树栽培学中的第二章、第三章、第八章。庄先生事先对每章的编写提纲认真考虑后提出，我们按要求收集有关资料，写出初稿，在集中讨论时，主编、副主编、编者互相交换阅读初稿进行讨论，做到内容上在各章节之间互相衔接，避免不必要的重复。1984年第三版是在第二版《茶树栽培学》的基础上，于1983年8月由浙江农业大学在杭州召开了全国统编教材《茶树栽培学》修订会议。会上，总结交流了各院校使用本教材的情况，通过讨论，制定出修订大纲，同时协商了修订计划与分工。考虑到参加的主编、副主编及编写人的人员变动，参加编写单位增加了四川农大，故对分工也作了适当调整。我是负责修订第二章。庄先生还考虑到教材要与生产实际紧密结合，定稿前召开的审稿会上能够集思广益，1979年9月，在华南农大召开《茶树栽培学》教材审稿会，除编写人员外，还邀请云南农大、广西农学院、安徽劳大、苏州蚕专各派一名茶叶专业教师参加，另邀请茶叶科研机构技术人员参加，有安徽祁门茶叶所徐楚生、杭州茶叶试验场申屠杰、福建茶叶所林心炯、广东英德茶叶所李伟生等同志参加，中国茶叶研究所李联标、江苏宜兴林业所张志澄、中国科学院自然科学史研究所张秉伦同志提出书面意见。

按农业部指示，由安徽农大、湖南农大牵头，1978年11月在湖南农大召开第二次全国高等农业院校茶学专业教材编写协作工作会议。当时到会的还有浙江、云南、华南、西南、福建、四川和广西农业院校茶学系的代表讨论意见，商定第一批专业教材及主编人如下：湖南农业大学陈兴琰主编茶树育种学，湖南农业大学陆松侯主编茶叶审评；安徽农业大学陈椽主编制茶学，安徽农业大学王泽农主编茶叶生物化学，浙江农业大学庄晚芳主编茶树栽培学，安徽农业大学张汉鹄主编茶树病虫害，浙江农业大学薛运凤主编茶叶机械基础，安徽农业大学瞿裕兴主编茶叶生产机械化。会后，庄先生获悉再次由他主编茶树栽培学，为此还给我来函，谓编好教材是教学改革的中心任务……担任茶树栽培学教材的主编，自当全力以赴。

庄先生1934年毕业于南京中央大学农学院，毕业后担任安徽祁门茶叶改良场技术员。26岁的他，主要承担茶树栽培方面的试验。1936年在祁门城区进行条播梯形茶园实验成功。在中国茶树栽培史上留下三大创举：一是条播密植，二是等高梯形，三是之字山径。

庄先生在新中国成立后，一直从事高等茶学教育。他培养茶学专业专修

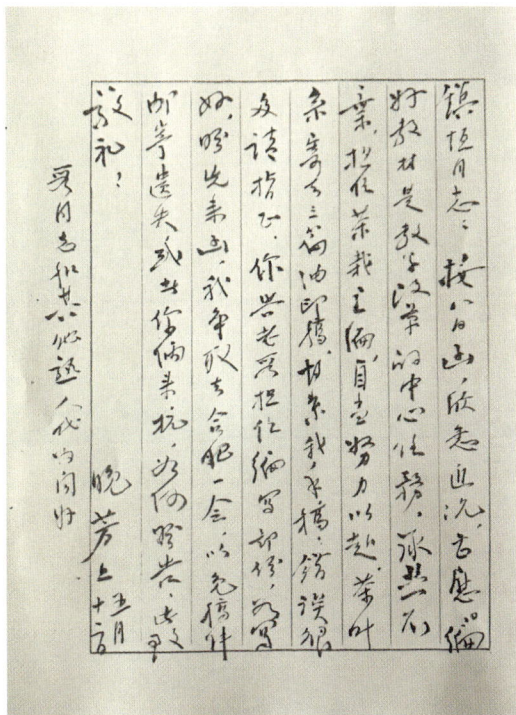

■ 1979年5月12日庄晚芳给王镇恒的来函（王镇恒提供）

科、本科、研究生，学生遍布全国各地，有的已成为茶学专家、教授，有的已走上各级领导岗位。他是我国茶树栽培学科的奠基人之一，他编著的《茶作学》，是茶树栽培学的一本专著，不仅系统总结了我国茶农的长期实践经验，并介绍了苏联种茶的先进技术，对我国茶树栽培的实践及理论具有明显影响。我国茶园种植方式，从20世纪50年代以后，逐步改丛式茶园为条式茶园，改变了丛式茶园单产低、管理不便的缺点，条式茶园提高生产率、适应机械化，成为我国现代新式茶园的主要种植方式。他另一本茶树栽培学著

作《茶树生物学》于1957年出版，这是我国第一本论述茶树生物学特性的专著。之后，他的论文《茶树根系的研究》《论茶树营养特点与茶园管理的综合技术》《茶树一些生物学特性的初步观察》等相继发表，标志着我国茶树栽培从传统经验阶段上升到了现代科学水平，因此对茶叶生产有直接的指导作用，引起茶界重视。在他的故乡福建省，工作于

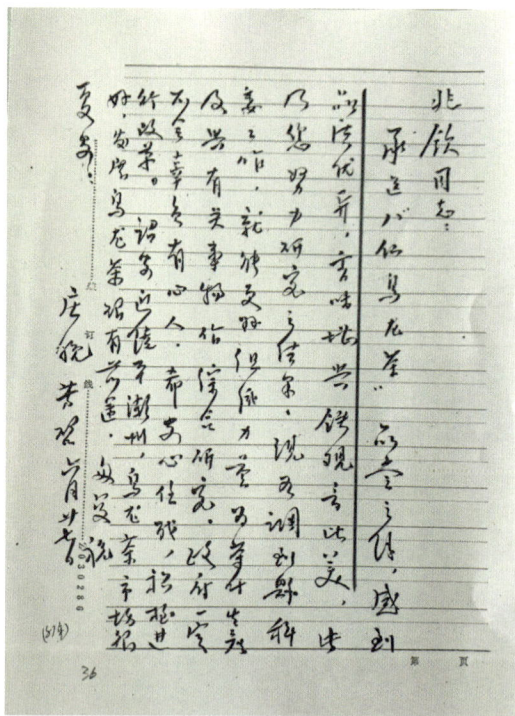

■ 1987年6月27日庄晚芳给郑兆钦的来函（郑兆钦提供）

诏安县的茶叶技术干部郑兆钦从1965年开始，按照庄先生的《茶树生物学》中有关茶树生物学特性的要求，经3年在当地一片有性繁殖茶树中发现有20株与众不同的出类拔萃单株，经单株扦插繁殖的八仙茶，选育出来的具有开花少，扦插成活率高达90%以上。1979年制成的八仙茶，中国茶叶所测定其成分为：水浸出物43%，氨基酸1.67%，咖啡因4.45%，茶多酚29.8%，制成乌龙茶，香气高、滋味浓、耐冲泡、回味甘。1985年10月，在武夷山召开的乌龙茶学术研讨会上，庄晚芳、王泽农、庄任、姚月明、林瑞勋、詹梓金等专家教授均高度评价了八仙茶，2001年载入《中国茶树品种志》。郑兆钦在《八仙茶》一书（2016年版）中指出："八仙茶的诞生，尤其是其选

育工作，离不开专家的指导与帮助，也凝结了他们的辛勤汗水和心血，精神上的鼓励，业务技术的无私指导，其中有：茶叶界理论家、浙江农业大学教授庄晚芳先生，他的茶树生物学始终指导新茶种的选种栽培。多年来屡屡给我书信予以鼓励和指导。1987年6月27日来函说：'八仙茶乌龙茶品尝之余感到品质优异，香味堪与铁观音媲美。'"

八仙茶成为新中国成立以来首批通过的唯一国家级乌龙茶良种（GS/320–1994），获得了国家级良种证书。在20世纪80—90年代，在闽、粤、湘、桂等省70个县8 000公顷种植，仅诏安县就有八仙茶2 000公顷，年产八仙乌龙茶2 500多吨，成为该县农业支柱产业。庄晚芳先生得知以上成果后，十分高兴，并去函加以鼓励，郑兆钦1992年起享受国务院特殊津贴，获省劳动模范称号。庄先生对福建的茶叶教育十分关心，他的学生戈佩贞1952年从复旦茶专毕业后，到福建省当时唯一的福安农校茶叶中专任教师，为编写茶树栽培学等教材工作，求教庄先生时得到热情指导，加以戈佩贞在大学求学时担任庄先生主讲的茶树栽培学的课代表，留下深刻印象，在庄先生助人为乐、热心培养中青年的精神感染下，近40年来，由她执教培养大、中专茶叶专业的学生1 300多人，其中大专班的100余人，是福建茶叶界少有的高等茶学教育女教育家。

庄晚芳提出茶树解剖学是茶树栽培学的基础学科。1981年，庄晚芳老师认为要把茶树栽培学在现有基础上深入，进行研究其高产优质的理论与实践，茶树的各个器官是互相依存的统一体，它们在形态、结构和生理机能上仍有密切联系，应对茶树的内部解剖开展基础性研究，并提出编写茶树解剖学。他拟出内容提纲，并对我当面交代说："在你现有取得的茶树解剖研究初步成果上，能按此提纲内容逐步完善，写出《茶树解剖学》新著。"他将此任务交给我。我是从1962年起与郑莹芳老师一起开展茶树内部解剖的研究，1964年发表第一篇研究成果文章《茶树叶片内部结构的研究》，发表于《安徽农学院学报》。继之，与学生孙玲娥合作，写成《不同年龄茶树根系内部结构的比较》，之后，我的科研论文《茶树根的内部结构初步研究》（全国农业学术研讨会论文集，1980，农业出版社），《茶花内部结构的研究》（安徽农学院学报，1982年第1期）；与学生黎金保合作的《茶籽胚根内部结构在萌发过程中的变化》（茶业通报，1983年第4期）；与研究生江昌俊合作的《茶树胚根发育的解剖学研究》（茶叶科学，1987年第7期），《茶树维管组织结构的研究》（茶业通报，1989年第4期）；与研究生高秀梅合作的《不同品种茶花的形态解剖学研究》（安徽农学院学报，1989年第4期）；与研究生肖扬书合作《茶叶茸毛形态结构及形态发生的研究》（茶业通报，1990年第4期）；与研究生肖扬书合作的《茶叶茸毛和品质的关系的研究》（安徽农学院学报，1991年第1期）先后发表。我曾两次将这方面的研究成果请教庄

■ 1996年4月28日庄晚芳教授与王镇恒合影（王镇恒提供）

晚芳老师，并得到了指点与具体要求。特别是1990年10月华南农业大学严学成教授的《茶树形态结构与品质鉴定》一书在农业出版社出版，庄晚芳老师认为与他提出的《茶树解剖学》在系统性、目的性上有区别，鼓励我继续坚持下去。由于我的科研工作是与研究生培养相匹配的，在时间上与工作上的矛盾，未能妥善处理。当时我正在编写高校茶学专业教材《茶树生态学》（1995，农业出版社），因而茶树解剖学一书一直未能启动编写。1996年4月28日（他去世前第五天），我由在杭州工作的同班同学庄雪岚、郭士强陪同下，去庆春街他的住所看望时，他还提及此事，今天回忆往事，遗憾之至，有负庄先生生前期望。

1989年庄先生提出"中国茶德"的设想，他将"中国茶德"精辟概括为"廉、美、和、敬"四字。所谓"廉"，是"廉俭育德"；"美"，是"美真康乐"；"和"，是"和诚处世"；"敬"，是"敬爱为人"。

1982年庄先生倡议在杭州建立"茶人之家"，以茶为桥梁，促进"精神文明、物质文明"这两个文明建设，弘扬茶文化。

80多岁的庄先生，不顾高龄体弱，在不同场合，不同人群，宣扬茶文化。他去世前五天，在病榻上以毛笔用宣纸挥毫写了"以茶育人"四个字赠我，至今犹视为墨宝珍藏。

2018年是庄晚芳先生诞辰110周年，饮水思源，他为祖国的茶叶事业，付出了毕生的精力，在培养人才、科学研究、著书立说以及弘扬茶文化等方面开展了大量工作，做出了卓越的贡献，平时助人为乐，热心培养中青年一代，许多事例使人深受感动，堪称茶界楷模。

（附注：本文撰稿时曾得到刘祖生教授的指点，特表致谢。）

茶学名师拾遗

Chaxue Mingshi Shiyi

王泽农

王泽农是我国茶叶生化创始人

王泽农（1907—1999），曾两度在复旦大学茶叶组、科任教授及科主任。1940年，吴觉农先生创设茶叶组（科），在重庆时的复旦大学内，聘请王泽农先生担任教授，农场农产制造组主任，茶叶研究室研究员。1942—1944年随吴觉农先生，任财政部贸易委员会茶叶研究所（武夷山）研究员兼化验组组长。1946—1949年再度担任上海复旦大学教授兼茶叶专修科主任。1950年起任农业化学系主任，仍在茶叶专修科担任茶叶化学教学工作。我当时正在上海复旦大学茶专读书，王泽农先生是我的老师，给我们上茶叶化学课。1952年我毕业离校，王泽农先生于1952年随茶专科调整到芜湖市安徽大学农学院茶叶专修科，1954年安徽农业大学（安徽农学院）在合肥市独立建校，王泽农先生历任安徽农业大学教务处长、教务长、茶叶生物化学教研室主任，是安农大一级终身教授。

1933—1938年，王泽农在比利时颖布露国家农学院留学和颖布露国家农业试验场工作，深入研究植物生理、生化、生物物理、化学等生物学科。1938年回国，正值日本侵略军大举侵华，物资严重匮乏，他协助李亮恭等筹建复旦大学农学院，除担任茶叶组、科教学工作外，还兼任农场农产制造组主任与技师。当时当地的酱油制造技术落后，品质较差。王泽农改进了天然发酵技术，分离、纯化、培养了优良麹菌；研制的"复旦酱油"成为重庆市场畅销产品。1944年，王泽农在福建武夷山的财政部贸易委员会茶叶研究所任职期间，他率先采用直接灼烧法研制咖啡因，在武夷山区进行调查和详测岩茶土壤取得了成果。1946年，王泽农重回上海复旦大学农学院任教授兼茶叶专修科主任。1949年，王泽农筹建复旦大学农业化学系并任系主任，担任茶叶化学、土壤学、肥料学、农产品加工学的教学工作。1952年，全国高等院校进行院系调整，王泽农来到当时条件较艰苦的安徽。1954年，安徽农学院在合肥市独立建院，王泽农从芜湖来到合肥，在安农大先后担任教授兼任教务处长、教务长、茶叶生物化学教研室主任、校学术委员会副主任，承担茶叶生物化学、土壤学、土壤肥料、农产品贮藏和加工、农业微生物等课程的教学工作。

1957年，王泽农先生根据茶叶生物化学研究的进展，编译了10万余字《关于茶叶生物化学的研究》出版问世，这是我国第一部茶叶生物化学专著。之后又于1980年、1988年主编全国农林院校统编教材《茶叶生物化学》，出版第一版、第二版。1981年，他编著了《茶叶生化原理》在农业出版社出版，曾获1977—1981年全国首届优秀科技图书奖。1988年，主编《中国农业百科全书·茶业卷》一书，出版后，于1997年荣获全国优秀自然科学图书一等奖。

王泽农的一系列论著，为我国茶叶生物化学学科的建立，奠定了坚实的基础，是我国茶叶生物化学的创始人。

我是王泽农的学生，1951年在复旦大学茶叶专修科求学时，他是给我们上的茶叶化学课。1956年，我调任安徽农业大学茶叶系任教，一直到退休，与王泽农先生共事长达四十余年，彼此在工作上有联系、有合作、有协商、有交叉、有矛盾之处。

1970年，招收工农兵大学生起，学校在农村办学，王泽农先生来到沙河集分院，住在单身教师宿舍，在食堂吃饭就餐，并担任茶叶专业的土壤学、茶叶生化课的教学工作。当时教学设备不全，没有专用实验室，王泽农先生以自己的宿舍，在20平方米大小的单间里，利用临时课桌为实验台，土法上马，分批分组开展土壤测性的实验，直到晚上10点才结束，学生们操作认真，达到预期目的。这种教学负责、因陋就简精神值得学习。

在编写全国高等农业院校统编的茶学教材工作中，农业部曾委托由安徽农业大学、湖南农业大学出面牵头组织全国有关院校协助编写。我当时是茶业系主任，要出面主持做些具体工作。记得1978年11月，在湖南农业大学召开第二次全国高等农业院校茶叶专业教材编写写作会议，共同研究编写第一批高等农业院校茶业专业教材以及今后规划等问题，安农大参加的教师有陈椽、王泽农、田兴安、王镇恒等，当时商定第一批教材：由安农大茶业系担任主编的有《茶叶生物化学》（王泽农主编）、《制茶学》（陈椽主编）、《茶树病虫害》（张汉鹄主编）、《茶叶生产机械化》（瞿裕兴主编），在教材中将《茶叶化学》更名为《茶叶生物化学》，这是王泽农先生提出来的，这也是有关转化和创新。在我当学生时，王泽农先生给我们讲的是茶叶化学课程。由于茶叶化学研究成果不断取得新的进展与成果，在茶叶化学成分的静止观点提高到茶叶代谢生物化学动态的理论水平上，王先生提出开设《茶叶生物化学》课程并编写出新教材。

1984年，由安徽农业大学茶业系教师王镇恒、华铁民、莫慧琴、张汉鹄、林鹤松、蒋庆智、杨维时，华南农业大学茶学专业教师丁俊之按茶树栽培、茶树育种、茶树病虫害、茶叶生物化学、制茶学、茶叶评审检验、茶叶机械、茶叶贸易八个方面的单词及词组，编写出10 000余条《英汉茶业词汇》初稿，经王泽农先生审校。完稿后，分送中国茶叶研究所、上海茶叶进出口公司、上海外贸学院、农业出版社的有关同志21人征求意见，并得到回复宝贵意见30多条，对提高本词汇的质量起到很好作用。后在王泽农先生指导下，由华铁民、莫慧琴两位老师订正、补充，于1986年3月农业出版社出版，1988年以繁体字版由台湾五洲出版社出版。

1980年，由农业部（国家农业委员会）决定编撰出版《中国农业百科全书》，1981年6月成立了编撰出版领导小组和总编辑委员会，并责成农业出版社设立中国农业百科全书编辑部。中国农业百科全书以农业各学科的知识体系为基础设卷，计划共出30卷，茶业卷是其

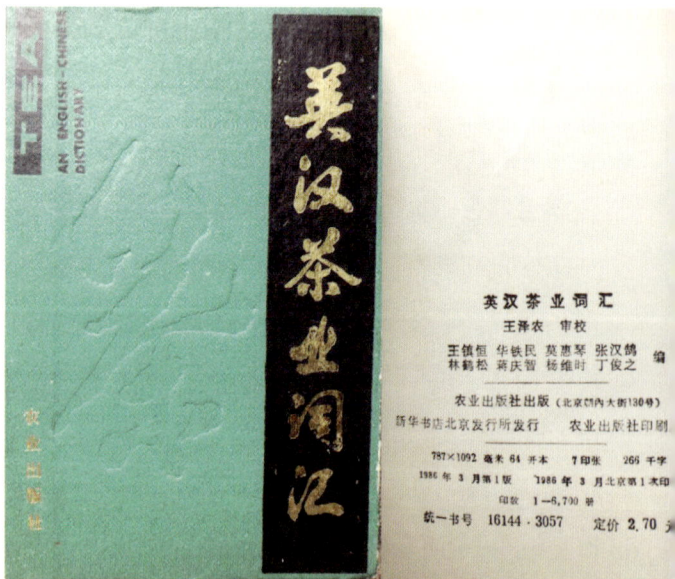

■《英汉茶业词汇》照片（王镇恒提供）

中之一。1982年，王泽农、王镇恒被聘任中国农业百科全书总编辑委员会委员。1983年，在合肥召开中国农业百科全书茶业卷编辑委员会成立大会。在成立编委会时，农业出版社常紫钟、安徽省副省长魏心一、省农委主任孟富林、安农大党委书记张佐文到会。主任王泽农、副主任王镇恒、刘家坤、阮宇成、张堂恒，顾问吕允福、庄晚芳、吴觉农、李联标、陈兴琰、陈椽、

莫强、黄国光，办公室设在安农大茶业系。茶业卷包括总论（分支主编王泽农），茶树生物学（分支主编王镇恒），茶树栽培（分支主编庄晚芳），茶树育种（分支主编陈兴琰），茶树病虫害（分支主编张汉鹄），茶叶生物化学（分支主编阮宇成），制茶（分支主编陈椽），茶叶评审检验（分支主编陆松侯），茶业机械（分支主编瞿裕兴），茶业经济（分支主编张堂恒）10个部分。全书共选收条目734个，409幅图片，组织我国茶业界的专家学者120余人编撰和审定，于1988年出版。全书90万字，从10个方面系统介绍我国现代茶业科学技术知识的一部大型工具书。1990年，获国家新闻出版总署全国优秀科技图书二等奖。1992年，获国家新闻出版总署全国优秀自然科学图书一等奖。

《中国农业百科全书·茶业卷》编委在编委会成立大会上合影（一排：右五为王泽农，右二为李联标，右一为张志澄，左四为陈椽，左三为阮宇成，左二为张堂恒，左一为陈兴琰。二排：右三为陆松侯，左四为王镇恒）

■《中国农业百科全书·茶业卷》编委会合影（王镇恒提供）

王泽农先生对科学研究工作，十分重视。1977年以来他主持的科研小组试制成功茶叶色选机、茶叶风选机、茶叶比容筛选定级机，为茶叶品质的物理测定提供新的手段。他主持研制成功的HCDJ-20型茶叶光电拣梗机，获省科技三等奖，研制成功的LCDJ-20型茶叶光电拣梗机，填补我国在光电色选的空白，获商业部科技成果三等奖。

王泽农先生除了给本科生、专科生讲课外，还培养了十位（1965—1988）硕士研究生柯德兴、孙跃进、叶庆生、王传友、刘乾刚、张劲松、赵友明、陈为钧、邓凡、张家荣，他还为兄弟院校培养茶叶生化进修教师，输送攻读茶叶生物化学的研究生，对全国茶叶生化队伍的扩大，做出贡献。

1991年他应日本国际茶叶科学讨论会邀请，于8月间赴日本静冈参加会议，在大会上用英语宣读题为《中国名茶及其特性成分的生物形成》论文。

王泽农不仅是位德高望重的教授学者，同时又是一位热心于公益事业的社会活动家，他是中国茶叶学会创始人之一，历任中国茶叶学会副理事长、理事长、名誉理事长。先后担任安徽省政协第二、三届常务委员，四、五、六届副主席；全国三、四、五、六届人大代表；九三学社中央委员会常委、中央参议

■ 王泽农在书房（1994年，合肥）（谢丰镐提供）

委员会常委、安徽省委员会主委、名誉主委。他常外出开会，为了不耽误教学工作，开会回来立即给学生补课，即使是教了多年的茶叶生物化学课程，他每堂课都经过认真备课，补充有关最新的科研成果及动态，不"炒冷饭"。他以严谨的学风、渊博的知识、求实的科学态度，为师生树立良好榜样。1997年，在九十华诞之际，出版《王泽农选集》。

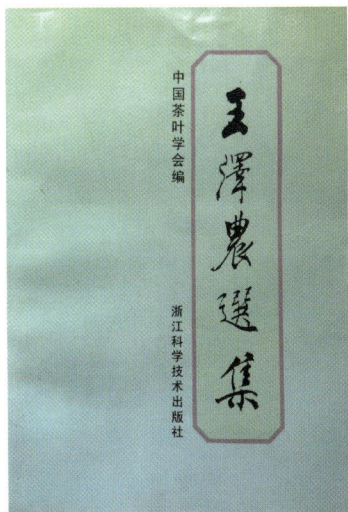

■《王泽农选集》（王镇恒提供）

■ 王泽农教授九十寿辰执教六十五周年学术报告会（1996年，合肥）

张天福

张天福是中国现代十大茶业专家之一

张天福（1910—2017）教授被誉为茶界泰斗，一生献给中国茶业事业，是中国现代的著名茶学家、制茶和审评专家，对茶学教育、茶生产、茶科研等工作，特别在培养茶学专业人才、创制制茶机械、提高乌龙茶品质、倡导茶文化，做出显著成绩与贡献。

我是1992年5月，在福州认识张天福。中国茶叶学会召开第五次全国代表大会暨学术讨论会上，经时任福建省农业厅厅长，他的学生林桂樘介绍，与他相识的。1994年，收到他寄给我一本《福建乌龙茶》（修订本），拜读之后，使我收获不少，得益良多，得知他对乌龙茶很有研究，学识广博。该书对福建茶史，提出福建产茶历史早在7世纪，距今1 300多年，溯源应早于陆羽《茶经》问世之前的观点。并认为乌龙茶约肇于16世纪的明代，盛行于清代，福建是乌龙茶原产地。乌龙茶是沿袭武夷茶制法的创新，乌龙茶制造技术与历史上的武夷茶制作技术有着一脉相承的联系。考证制茶方法上，福建先有绿茶，后有乌龙茶（青茶），再演变到红茶，最后又有白茶的创新。他认为乌龙茶奇异的香气，在感官上似天然花香，但更胜花香，又不同于茉莉等鲜花所窨制的花茶香。乌龙茶的品饮，先闻其香，再尝其味，慢饮细啜，齿颊留香，舌底生津，回味无穷，可以令人心旷神怡。他还认为乌龙茶的香气成分物质的合成，有的是鲜叶生长过程中生物合成的，有的是加工过程中生物化学转化产物，有的是受外界环境条件的影响所生成。适制乌龙茶的茶树品种经精湛的采制工艺所挥发出来的"品种香"，如铁观音的品种香似兰花又似桂花，水仙的品种香似兰花，梅占的品种香似玉兰。由于优越的气候、土壤等自然环境影响所生成的天然香，产生的"风土香"，因产地而显示出来，在武夷岩茶中正岩所产的乌龙茶，就可具有明显的风土香。

■ 在福州召开的中国茶叶学会第五次全国大会代表合影（引自《茶叶人生——茶界泰斗张天福一百华诞纪念文集》，2018年王镇恒提供，前排右10为张天福、11为王泽农、12为陈宗懋、15为高麟溢、17为王镇恒）

　　1996年，我打电话求教张天福有关乌龙茶的品质审评问题时，他谈得十分精辟：乌龙茶的品饮，因地区、习俗的不同而各个有别，不尽一致，自具一格，并认为历史上嗜乌龙茶的闽南、粤东地区，对品饮方法极为讲究，一直相传沿袭至今，以致可以陶冶性情的一种修身养性之道。我在电话里求他赐书法一幅，不久就收到他写的"茶缘"两字相赠，并在电话里对我说："我们是因茶结缘。"此后我对张天福不平凡的学茶、敬茶、爱茶、育茶、研茶、论茶、崇茶、饮茶、评茶活动，为福建茶业、中华茶业走向世界做出贡献，留下难忘印象。

1999年，我主编了《中国名茶志》，出版前，请张天福作序。序言里曰："由王镇恒教授主编的《中国名茶志》，使我多年的愿望得以实现……因此，我更加坚信：中国名茶，万古长青。"

2002年5月，在安徽芜湖市举办2002年中国（芜湖）茶产业发展国际论坛，参加的茶业专家有来自中国、日本、韩国、斯里兰卡等，张天福、丁

■2002年参加中国（芜湖）茶产业发展国际论坛时合影（引自《茶叶人生——茶界泰斗张天福一百华诞纪念文集》，王镇恒提供，前排左二丁俊之、左三王镇恒、左四张天福、左五施云清）

■ 2002年张天福在安徽省芜湖市给"天润杯"名优茶获奖者颁奖（引自《茶叶人生——茶界泰斗张天福一百华诞纪念文集》，王镇恒提供，中为张天福、左一为方继凡）

俊之、施云清、王镇恒、中村顺之等在学术报告会上发表学术报告，张天福的报告题目是：茶树品种与制茶工艺对乌龙茶品质风格的影响。由张天福主持了国际茶业博览交易会"天润杯"的全国名优茶评比，安徽的历史名茶多，参赛的有太平猴魁、黄山毛峰、六安瓜片、祁门红茶等20多种以及国内外20多种茶样。张天福在长期的茶叶采制实践中，练成过硬的审评茶叶真功夫，积累了丰富的经验，具有一定的权威性。在当时对5个黄山毛峰、太平猴魁参评茶样评比时，评委中的周先宽、詹罗九、杨庆、舒庆龄、沈培和、江顺珠各抒己见，并在激烈争论时，张天福仍以恬淡心境，一丝不苟，反复推敲，精密细致，谦虚谨慎，认真听取评委意见，他最后一个发表意见，并恰当地处理了争议的茶样，他认为：自己是主评，要民主，不霸道。因此赢得了评委一致赞同，当时评定猴坑牌太平猴魁茶等被评为名优茶而获金奖。

2007年，在福州举行张天福先生百岁华诞庆祝活动，我与夫人陈宏数从上海去福州为他祝寿，相见非常欣慰。他思维十分敏捷，交谈之中，他问到我的二儿亚雷在日本中国茶协会的工作情况，并勉励为中日茶文化的交流多做贡献。在祝寿百岁的大会上，他能精神抖擞从台下到台上往返6次，健步上下，无须他人扶助，而且发言脱稿，声音洪亮，不用麦克风，显示了一位百岁茶人张天福身体健康的风采，耳不聋，目不花，头脑清醒。

■ 2007年10月参加张天福先生百岁华诞（王镇恒提供，左起：施兆鹏、刘祖生、童启庆、王镇恒、刘启贵、丁俊之）

2010年，张天福到上海参加中国世博会有关茶事活动，4月24日在联合国馆参加"中国世博茶寿星颁奖大会"，以百岁茶人在大会上讲话、领奖，并向联合国献上墨宝"中国世博十大名茶"八个大字的书法题字。当时受到了联合国副秘书长贝楠先生的称赞："茶寿星印证了茶的价值所在，世界有了茶寿星才显得更加精彩。"

■ 2010年4月24日在世博联合国馆（引自《茶寿茶人张天福与上海茶人的情怀》，2018年
王镇恒提供，左起：秦怡、张天福、贝楠）

■ 张天福先生与王镇恒2010年4月
在上海湖心亭茶楼品茶（2018年
王镇恒提供）

■ 王镇恒送给张天福教授茶寿的寿幅题字（2017年4月，王镇恒提供）

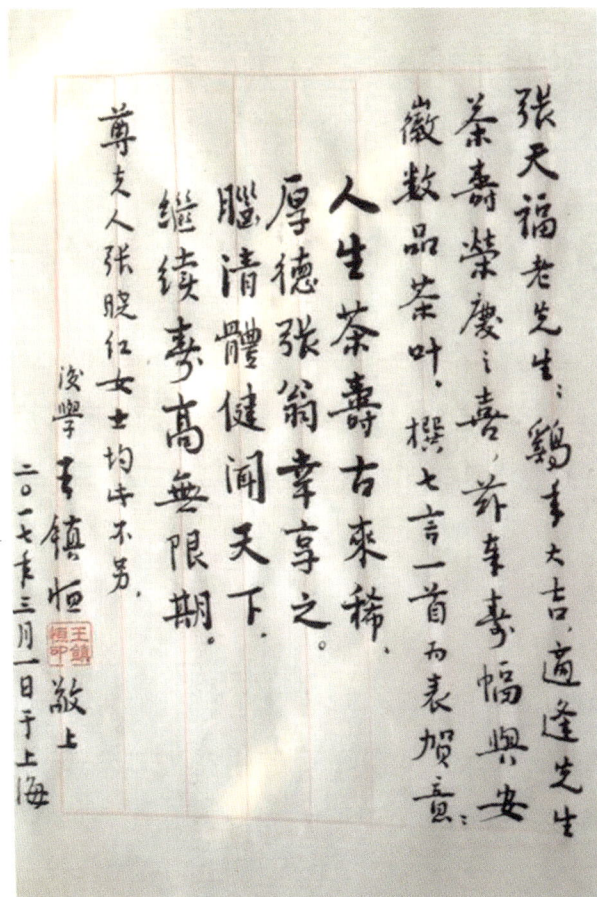

■ 王镇恒致张天福茶寿的贺信
（2018年王镇恒提供）

2010年4月26日上午，在上海湖心亭茶楼做客，我有机会与张天福等茶寿星相聚一起品茗，令人留下十分美好的回忆。

他一生以身许茶，终生奉茶，为中国茶产业的发展、繁荣、进步做了大量工作，他的茶人精神，科学精神，奉献精神值得学习，而且把茶学教育、生产、科研和文化事业结合在一起，为福建茶业做出明显贡献，也是中国现代茶学教育和茶叶科研的先行者之一，在中国茶界享有崇高声誉。2017年3月，我写了"善茶者寿"四个字寿幅及贺函，寄去向他表示对他的茶寿的祝贺。

从《张天福选集》中，可以看出他十分关心茶业教育和茶文化的传播。张天福1932年毕业于南京金陵大学农学院，1935年被选派去日本和台湾省考察茶叶，并写出《台湾之茶业》的考察报告。他在考察中深受启示，感觉应该培育茶学人才，同年创办福建省立福安农业职业学校并任校长，兼任福建省立茶业改良场场长，走茶学教育与科研相结合道路。那时学校里的老师既是教师，又是改良场里科研人员，茶场既是生产基地、科研场所，又是学生生产实习、劳动的基地，走"科教合一"之道路，坚持教育、科研、生产相结合，培养人才与提高技术相辅相成。1942年，他转任福建协和大学农学院教授兼高级农校校长，培养出一批又一批大中专的茶学技术骨干的同时，他的茶学精神也照亮了一代又一代的后来者前行的道路。1982年，年逾古稀的张天福毅然放弃安逸的老年生活，欣然接受福建省农业科学院的聘请，只身从城市前往福安社口山区，出任福建省茶叶研究所技术顾问。1984年，主持省科委课题"乌龙茶做青工艺与设备研究"，获省科技二等奖。在此期间由他主编的《福建乌龙茶》一书，获全国优秀科普作品奖。1992年荣获国务院政府特殊津贴。

张天福注意团结全省茶叶工作者，1956年12月16日，在他和庄任等老一辈茶叶科技工作者努力下，经批准成立福建省茶叶学会，这是继安徽省、浙江省之后国内第三家省级茶叶学会，张天福任第一届理事长，出版《茶叶通讯》。为了更好地团结广大的茶人，张天福等策划与筹备，以提倡、宣传、弘扬茶文化为宗旨，2006年8月1日，在福建福州市成立"中华茶人联谊会""福建茶人之家"，他任第一届会长，通过活动融茶韵、情韵为一炉，让众多的茶人、茶友及爱茶人相聚，联络感情，品审名优茶，深受茶界人士及茶企业的欢迎。2008年9月，在福州成立张天福茶叶发展基金会。

■ 张天福题书（引自《茶寿茶人张天福与上海茶人的情怀》，2018年王镇恒提供）

张天福一生与茶结缘，对中国的茶文化深有研究。他曾说：宋徽宗赵佶《大观茶论》中评价福建的北苑茶"至清导和""韵高致静"，把饮茶提高到修身养性的思想境界。中国的茶文化传到日本，衍化为日本茶道，其内涵为"和、敬、清、寂"；韩国将品茶称之为茶礼，奉行"和、敬、俭、真"；台湾地区取名茶艺，提倡"清、敬、怡、真"；浙江已故茶学教授庄晚芳提出中国茶德"廉、美、和、敬"。虽然各国各地对品茶有异,而张天福对中国的传统茶礼,于1996年5月29日提出以"俭、清、和、静"作为饮茶箴言。

他的具体阐述为:茶尚俭,勤俭朴素;茶贵清,清正廉明;茶导和,和衷共济;茶致静,宁静致远。我认为张天福倡导的中国茶礼"俭、清、和、静",互为配合,融为一体。

张天福一家,是中国普通知识分子的家庭。妻子吴瑞宜因患脑中风于1991年医治无效去世,育有一女三男,他们各自有事业与工作。70平方米的家,张天福知足常乐,心满意足。他在2005年与香港《文汇报》海峡两岸新闻中心记者涂若奔等谈长寿之道时风趣地说:归根结底是"一足五忘"。一足是知足常乐,"生活中有了茶,就很满足了,家中常有茶友来访,自己就很满足了"。五忘是:①忘形,不悲观,不浮躁;②忘劳,要把劳动当娱乐,当成锻炼;③忘怀,人生常有不如意事,应忘却烦恼;④忘情,遇喜事不要太高兴,逢怒也不必哭;⑤忘年,人问他,"今年高寿?"他就回答:"你说几岁就几岁",年龄并不重要,最要紧的是年轻心态"。他在2008年与比他小30多岁的张晓红女士结了婚,成为茶界一大喜闻,过着幸福的晚年。2017年6月4日在福州省立医院逝世,108岁的张天福走完他传奇人生之路。1988年《中国农业百科全书·茶业卷》中的现代十大茶业专家是胡浩川(1896—1972)、冯绍裘(1900—1987)、蒋芸生(1901—1971)、方翰周(1902—1966)、吴觉农(1897—1989)、李联标(1911—1985)、陈椽(1908—1999)、王泽农(1907—1999)、庄晚芳(1908—1996)、张天福(1910—2017)。其中张天福享有茶寿(108岁),吴觉农、陈椽、王泽农、庄晚芳享有米寿(88岁及其以上)。

为了发扬张天福热爱祖国的坚定信念，开拓进取的创新精神，崇尚科学的工作态度，平易近人的高贵品德，一生献给中国茶业事业的业绩，福建省已在福州市建立"张天福纪念馆"，作为一代茶界宗师，他不仅是福建的，更是中国的，世界的。

附　录

一、王镇恒传略

安徽农业大学中华茶文化研究所所长　丁以寿

王镇恒，茶学家、茶学教育家和茶树栽培专家。长期从事茶学教育和科研，培养了大批茶学人才，为中国高等茶学教育事业做出重大贡献。在茶树解剖、茶树生态研究方面成果突出，丰富和发展了茶树高产优质理论；在科技扶贫、指导创制新品名优茶中，取得显著成效；在茶学、茶文化研究和普及推广中，成就显著。一生事茶，孜孜以求。退而不休，晚霞满天。

（一）生平概述

王镇恒于1930年9月3日出生在浙江温州市永昌新城村的一个医生家庭。在读小学、中学时，学习勤奋、刻苦。在青少年时代，便立志献身科学事业。

1950年，王镇恒同时报考清华、南京、齐鲁、复旦四所大学并被录取。由于生长在茶乡，耳濡目染，对茶叶有着浓厚的兴趣，最终选择进入复旦大学农学院茶叶专修科学习。1952年毕业后，他被分配到安徽省农业厅工作。适逢筹建六安实验茶场，遂被派去担任技术员。凭着对茶叶事业的满腔热忱，他不畏艰苦，跋山涉水，对六安地区的茶园、茶场和茶业进行了全面的考察。在参加茶园管理和茶叶生产的同时，他深入开展调查研究，总结群众的茶叶生产经验，撰写了《六安地区茶树栽培技术经验》一文。

1956年，安徽农学院茶叶专修科改制为本科。王镇恒调入安徽农学院茶业系从事茶树栽培学的教学工作。在执教的同时，他积极开展茶树栽培、解剖、生态、生理的研究。他崇尚科学精神，不顾条件艰苦和酷暑严寒，常常是晚上工作、假日工作，夜以继日，不知疲倦。他不仅在艰苦的条件下取得了科研成果，还以身作则，以对待科学严谨、认真的态度影响和教育青年学生。1976年4月，应摩洛哥王国邀请，王镇恒赴摩洛哥王国实地考察，对种茶可能性进行论证。经考察、论证，认为摩洛哥王国某些地区可以种茶。后来果然种茶成功，从而纠正了一些西方国家的专家关于摩洛哥不能种茶的错误结论，于1984年被英国科技中心授了"世界农业科技名人"称号。他先后赴日本、韩国、英国及我国台湾地区讲学、访问，进行学术交流，也曾接待过法国、日本、英国、德国、摩洛哥等国家和我国台湾地区茶叶界同行，开展学术交流与合作。

王镇恒于1974年担任安徽农学院茶业系主任，主持茶业系全面工作；他于1981年出任安徽农学院副院长，负责教学、科研及日常行政工作。1983年8月，他作为教育部"中国高等教育考察团"成员，赴美国考察高等教育。在美国考察期间，他被任命为安徽农学院党委书记。在主持学校党委工作期间，他大力贯彻党的教育方针，以教学为中心，以培养"四有"新人为目标，推动学校各项事业稳步前进。同时，他依然承担教学、科研工作，指导研究生，实现"双肩挑"。

王镇恒历任中国茶叶学会第四、第五届副理事长，中国茶人联谊会第一、第二届常务理事，中国茶叶流通协会第一、第二届高级顾问，国务院学位委员会第一、第二届学科评议组成员，安徽省高校学位委员会副主任委员，农业部高等农业院校教材指导委员会第一、第二届学科组成员及茶学专业组长。《中国农业百科全书》编委及《茶业卷》副主编，《茶叶科学》编委会副主任。安徽省茶业学会第二届副理事长兼秘书长，第三届、第四届理事长，会刊《茶业通报》主编。安徽省政治协商委员会第五、第六届委员，英国皇家农学会特别会员，日本茶业技术协会会员等。

（二）开拓茶树解剖研究领域

王镇恒是中国较早从事茶树解剖研究的学者之一。从20世纪60年代起，他便开展对茶树内部结构进行解剖研究。当时，中国国内的茶树解剖研究尚属空白。那时学校的科研条件也较差，但他克服困难，仅凭一架普通光学显微镜，一边观察，一边手绘茶树内部结构图。1963年，他在全国园艺学会年会上宣读研究成果《茶树叶片内部结构的研究》。

"文革"结束后，王镇恒继续开展对茶树内部结构的研究，于1978年10月在全国农学会学术讨论会上宣读论文《茶树根的内部结构研究》。此后，他带领青年教师和研究生，运用光学显微镜和电子显微镜，陆续对茶树的嫩芽、叶片、茶枝、茶根、茶花、茶果、茶籽以及胚胎、茸毛的内部显微结构进行研究，掌握了其结构和变化规律，发表了多篇有关研究论文，引起国内外学者的关注和兴趣，被邀请参加日本、英国有关农（茶）学术会议进行交流。

20世纪80年代，王镇恒对茶树的维管组织进行了解剖研究。他从整体出发，对茶树维管组织结构形态以及各个发育阶段的特点作了完整的研究。

王镇恒对茶树植物学的特征、特性所作的内部结构研究，将茶树不同部位的组织开展较为系统的解剖研究，为茶叶的高产优质栽培技术提供了理论依据，系统的研究成果为建立茶树解剖学打下基础。

（三）奠定茶树生态学科基础

王镇恒于20世纪50年代初期在六安实验茶场工作期间，便从茶树栽培实践中对茶树移栽与茶园生态环境之间的关系有所发现，其论文《六安地区茶树栽培技术经验》对此有阐述。此后，在从事茶树栽培学的教学和研究过程中，他更加重视茶树生长发育与环境条件间相互关系规律的观察与研究。1961年、1979年和1988年，他三次参加由庄晚芳主编的《茶树栽培学》教材的编写，所写章节的内容涉及茶树与环境的关系等。

20世纪90年代初期，王镇恒组织有关专家，主持编写、出版了第一本高等农业院校茶学专业统编教材《茶树生态学》。全书包括绪论、茶树与环境、茶树与光的生态关系、茶树与大气的生态关系、茶树与水分的生态关系、茶树与土壤的生态关系、环境对茶树物质转运的作用、茶树生态在生产上的应用、茶树生态型共九章。该书全面阐述了茶树与周围环境之间的关系以及环境对茶树的作用，主要包括两方面的内容：一方面研究各种环境因子，着重研究光、大气、温度、水分和土壤等在空间和时间上的变化与生态意义，同时研究茶树与这些因子的耐性和适应性及其生态类型；另一方面，研究茶树对这些因子的反作用，以及茶树对环境的改造和保护作用。茶树生态学是一门年轻的新兴交叉学科，教材的出版，为茶树生态学这门新的茶学分支学科奠定了坚实的基础。

（四）指导创新名茶，科技扶贫

以茶树栽培为中界，向前延伸是茶树解剖、生态、生理，向后延展是茶叶加工、贸易。20世纪90年代以后，王镇恒将研究的重点由产前向产中、产后扩展。他坚持教学、科研与生产相结合，坚持理论联系实际，常年奔走于安徽南北茶区，指导茶园管理、茶树栽培，传授茶叶制作技术，创研、改善名优茶，致力发展安徽茶产业。

王镇恒与歙县科委合作，在黄山绿牡丹花形特种茶基础上，研制成"海贝吐珠"和"锦上添花"两个新名茶。"海贝吐珠"选用高山良种茶叶的一芽一二叶嫩芽为"贝壳"，精选含苞待放的绿梅花数朵和贡菊花一朵为"花蕊"，经杀青、造型等工序精制而成。冲泡后如海贝下水，张开贝壳，数朵梅花如金杯绕着一朵贡菊，冲破茶芽吐珠献美。"锦上添花"选用高山良种茶树的一芽一二叶嫩芽为"花蕊"，贡菊花为"花蕊"，经杀青、造型等工序精制而成。冲泡后冲茶芽中跳出一串贡菊花，分层次悬于茶花中央。这两种茶融物质与文化一身，集观赏、保健和饮用为一体，均获第二届全国农业博览会金奖，远销日本、美国和东南亚各国，经济效益显著。

六安市华山名优茶开发中心，特邀王镇恒为技术指导，经过3年多的开发，研制成"华山银毫"名茶。该茶经杀青，半成品取蕊，外形呈独一芽蕊，秀细如毫。精品茶每500克有芽蕊17万。该茶被评为省级名茶、中国名茶，以芽蕊之最被列入上海吉尼斯世界纪录。

王镇恒帮助金寨县开发研制成"金寨翠眉"名茶。因其外形纤秀若画眉，色泽翠绿似碧玉，曾获农业部优质产品奖、全国农业博览会金奖，远销海外，备受青睐。

王镇恒长期坚持到安徽黄山茶区、大别山茶区等茶叶生产第一线，多次赴黄山市、宣城市、池州市、六安市等茶区，深入茶园、茶厂、茶企、茶市，向茶业技术干部及茶农传授茶叶生产技术，对六安瓜片、霍山黄芽、黄山毛峰、太平猴魁、汀溪兰香、敬亭绿雪等名茶的发展重点关注。帮助金寨县等贫困县发展茶叶生产，提高茶叶品质，增加农民收入，使科技扶贫落到实处，取得显著成效。通过茶业科技服务，促进了安徽茶业经济的发展。

（五）治学严谨，教书育人

王镇恒治学严谨，实事求是，撰文著书深思熟虑，反复推敲，字斟句酌的，逻辑严密。他从事茶业科学研究、教育40多年来，编写、出版高等农业院校茶学专业教材、教学参考书及工具书10余种，发表论文100多篇。他作为副主编的《中国农业百科全书·茶业卷》，于1997年获全国优秀科技图书一等奖及省科技进步奖多项。他的论文获省自然科学优秀论文奖。

王镇恒自1983年起任研究生导师，长期承担本科生、研究生的教学任务。他言传身教，教书育人。鼓励学生学农爱农，帮助学生树立牢固的专业思想。对学生政治上关心，生活上照顾，视同子弟。

王镇恒从1960年起担任安徽农学院茶业系副主任、主任长达20多年。其间，他兢兢业业，作风踏实，工作有条不紊；实行管理民主，充分调动教职工的积极性，致力于开拓高等茶学教育新局面。受全国供销合作总社委托，于1978年创办机械制茶本科专业，面向全国招生，为国家培养了一大批茶业科技、教育、生产、经营人才。

王镇恒在主持茶业系工作期间，力抓师资队伍、学科专业、教材和教学基地建设。以每年的修订专业教学计划为例，他首先广泛听取教师、学生和用人单位的意见，在此基础上提出初步的修改计划，公开张贴，进一步征集意见，才最后确定下来，使得课程体系和教学内容不断改进。正是由于安徽农学院茶业系教学计划的修订认真，20世纪80年代，农业部委托安徽农学院茶业系牵头，召集全国高等农业院校茶学专业教学计划修订会议。

王镇恒从1981年至1991年，先后出任安徽农学院副院长、党委书记。在主持学校工作期间，他积极推行教育改革，努力提高教学质量，大力培养合格各级各类农林专门人才，使学校适应国家经济建设和社会发展的需要。1991年，国务院表彰他为发展高等教育做出的突出贡献，授予证书，并享受政府特殊津贴。

王镇恒从事教学、教育半个多世纪，为国家培养了众多英才，桃李满天下，为发展我国的茶学教育乃至高等农业教育做出了重要贡献。

（六）退而不休，晚霞满天

1997年7月，王镇恒从教授岗位上退休。尽管退休，但他仍然心系茶业。不顾年高，经常深入茶区，指导茶企，创新茶品牌。担任国内外多家茶叶社团组织和茶学教育科研机构的顾问，有顾有问。多次远赴海外，参加茶叶学术交流和茶文化活动。著书撰文，笔耕不辍，硕果累累。莫道桑榆晚，为霞尚满天。

2000年，联合主编《中国名茶志》。全书180多万字，插图200余幅。分省设卷，立条名茶309种，列表名茶708种，集中国当代名茶大全；2002年，联合主编《中国茶文化大辞典》。全书144万字，分茶名、泉名、种名、产地、制作、烹饮、茶肆、茶具、制度、人物、礼俗、故事、著作、文艺、其他共十五章，规模宏大，广涉中国茶文化的各个方面；2011年，合编《茶学知识读本》，内容包括茶树栽培、茶叶加工和茶业经营管理，构成完整的茶学知识体系。文字简洁生动，知识点丰富，是一本很好的茶学科普著作。2012年，出版《王镇恒选集》，收录平生重要论文和教材、著作。2018年，合编《种茶制茶一本通》，普及茶树栽培、茶叶加工知识。

2008年，年近80的王镇恒生病住院，医院诊断是癌症，于是做了肿瘤切除手术。尽管人们谈癌色变，但他以平和的心态正确对待，以乐观的态度积极配合治疗。认为癌症不是不治之症，是可治疗的慢性疾病。在日常生活中，以清淡食疗配合药物医治，正确处理适当运动与休闲养生、参加茶事活动与防止过度疲劳等关系。如今，他精神矍铄，身体稳步恢复，已过九十寿诞。我们祈待何止于白，相期于茶。

（七）主要论著

1. 王镇恒，1955. 六安地区茶树栽培技术经验. 农业专刊，31-34.

2. 王镇恒，1964. 茶树叶片内部结构初步研究 // 茶叶论文集. 北京：农业出版社，100-104.

3. 王镇恒，1980. 茶树根的内部结构初步研究 // 中国农学会编. 1978年全国农业学术讨论会论文集摘要选编. 北京：农业出版社，170-175.

4. 王镇恒，1983. 茶花内部结构研究. 安徽农学院学报（1）：8-11.

5. 王镇恒，1983. 茶籽萌发过程中胚芽结构内部研究. 茶业通报（4）：1-4.

6. 王镇恒，1984. 茶树栽培. 北京：农业出版社.

7. 王镇恒，等，1986. 英汉茶业词汇. 北京：农业出版社.

8. 王镇恒，江昌俊，1987. 茶树胚胎发育的解剖学研究. 茶叶科学（2）：23-28.

9. 王泽农，王镇恒，等，1988. 中国农业百科全书·茶叶卷. 北京：农业出版社.

10. 王镇恒，等，1989. 茶树维管组织结构的研究. 茶业通报（4）：1-4.

11. 王镇恒, 1989. 茶树生态学. 北京：中国农业出版社.

12. 王镇恒, 1998. 农业大词典／／茶叶学科条目. 北京：中国农业出版社.

13. 王镇恒, 1998. 世纪之交的中国茶叶. 福建茶叶 (4)：2-4.

14. 王镇恒, 王广智, 2000. 中国名茶志. 北京：中国农业出版社.

15. 朱世英, 王镇恒, 詹罗九, 2002. 中国茶文化大辞典. 上海：汉语大词典出版社.

16. 王镇恒, 詹罗九, 2011. 茶学知识读本. 北京：中国农业出版社.

17. 王镇恒, 2012. 王镇恒选集. 上海：上海科技出版社.

18. 王镇恒, 詹罗九, 2018. 种茶制茶一本通. 北京：中国农业出版社.

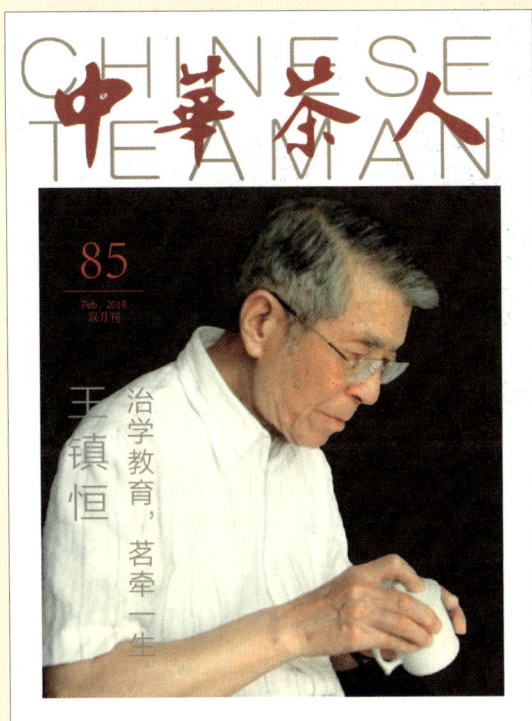

■《中华茶人》第85期封面

二、王镇恒：治学教育，茗牵一生

—— 专访中国著名茶学家、茶学教育家王镇恒先生

郑博文

　　王镇恒，茶学家、茶学教育家和茶树栽培专家，原安徽农学院党委书记、教授、硕士生导师，安徽农业大学教授，"中华优秀茶教师"终身成就奖获得者。长期从事茶学科研和教育工作，培养了大批茶学人才，为中国高等茶学教育事业做出诸多贡献。在茶树解剖、茶树生态研究方面成果突出，

丰富和发展了茶树高产优质理论；在科技扶贫、指导创制新品名优茶中，取得显著成效；在茶学、茶文化研究和普及推广中，成就卓著。一生立志于茶、献身于茶。

（一）

1930年，王镇恒出生于浙江温州。那时候温州还不是一个市，叫永嘉县。永嘉县有个茶山村，茶山村的茶，祖父、父亲、母亲，都喜欢喝，所以王镇恒自己也从小就喝。童年时代的两件跟茶有关的小事，影响了王镇恒后来对人生走向的抉择。一次是他忽然害眼，母亲就等他晚上睡着了，用泡过的茶叶敷在他眼睛上，转天清晨眼睛竟然消肿了；还有一次他弄破了手，母亲也用布裹着茶叶给他包了起来，果然也起到了消炎作用——对于一个医生家庭来说，对茶的这种药用价值的觉知是比较自然的。这让王镇恒对茶有了最初的好印象：茶叶是好东西，不仅可以喝，还可以治病。

1950年，王镇恒考大学。那时候每个大学自主招生，王镇恒从温州到上海，错开时间考了四所学校，北京的清华大学，山东的齐鲁大学，南京的南京大学，上海的复旦大学。王镇恒争气，不仅考上了，而且是被四所大学同时录取。这时候，抉择就摆在了他面前。"父亲就问我，你想去学什么。我说我想学茶。"父亲同意了。就这样，王镇恒进入复旦大学，开始了被茶叶温柔牵绕的一生。

复旦大学名师济济。当时的校长是著名的教育学家、修辞学家陈望道，第一部中译《共产党宣言》就是由他翻译完成的。而且，王镇恒的几位老师后来都是全国公认的最有名望的茶叶专家和大师：陈椽、庄晚芳、王泽农。王镇恒回忆说："当时教我们专业课的老师主要是这三位。有些其他的课程是从美国、日本等国留学回来的老师来教，他们不太精通中文，都讲英语，我一开始非常不习惯。虽然在复旦的时间不长，但学习任务很重、强度很大，得益于此我就在这求学阶段打下了一个良好的基础。"

■ 与老师陈椽教授合影（1990年，合肥）

　　1952年，王镇恒毕业。复旦大学院系调整，茶叶专修科调整到安徽，他也被分配到安徽省农业厅特产处茶叶科工作。适逢六安实验茶场筹建，王镇恒于是被派去茶场担任技术员。"当时安徽省的两个大茶区，一个是皖南黄山这一带，一个是皖西六安这一带。省里准备在六安建立茶叶试验场，派我当技术员。我刚毕业，什么都不懂，只有在复旦学的那些理论知识，而真正实践的东西是没接触过的。"王镇恒在这里踏踏实实地待了四年，这四年时光让他收获很大。"这些收获就是在理论同实践相结合的过程中得来的。

因为茶厂从无到有，其中的每样工作都要自己去干。茶树怎么种、怎么种活，怎么长大、怎么长好，怎么采摘、怎么加工，甚至怎么收购农民的鲜叶……这些过程你全都要参加并且要做好。"除此以外，技术推广也是一项重要的工作。而在这个过程中，农人们的智慧，让他学到了不少书上没有的东西。此间，通过深入的调查研究和对群众经验的总结，王镇恒撰写了《六安地区茶树栽培技术经验》。

（二）

在六安茶厂的这段时间，一些难以靠经验解决的问题，就开始种在了王镇恒心里。比如六安瓜片，分内山茶和外山茶。内山茶的品质特别好，而外山茶的品质和价格就都比内山茶低不少。为什么同在六安地区，差异却这

■ 指导茶园管理

么大呢？这其中的因素自然很多，有些是可以大致分析出来的，但终归是没办法讲清楚。该怎么去研究和解决这个问题呢？

　　带着这个问题，王镇恒又回到了学校，这次不是当学生，而是做老师了。1956年，安徽农业大学茶叶专业课改制为本科，需要师资，王镇恒调入安徽农学院茶叶系从事茶树栽培学的教学工作。回到学校执教以后，他就以这个从六安带回来的问题出发，思考怎么来做一个研究课题。他想到了要做茶树解剖。"这个课题是从60年代初开始，我同另外一个老师一起做研究。我们想从茶树内部的细胞角度来看，为什么茶树有的叶子大一点、有的叶子小一点，而等等这些区别，对于茶的品质又会产生什么影响。这在过去是基本没人做的。后来我们搞清楚了造成产量高低、品质好坏的区别的原因。事

■ 为本科生上课（1980年，合肥）

实上，茶树管理、施肥、水分蒸发、加工的采摘标准的决定等，都随着茶树本身细胞的不同而不同。"1962年开始研究，不久就有了论文成果，获得了老师跟系里的极大认可。研究一直持续到1966年，"文化大革命"让这些研究全部止步不前。"文革"结束后，王镇恒继续此项研究，论文《茶树根的内部结构研究》被1978年10月在太原召开的全国农学会学术讨论会选中。这是王镇恒的第一篇论文，到现在他还一直保留着。这篇文章后来还被选入农业出版社出版的《茶叶论文选集》，文中的研究成果获得学界公认。

此后，王镇恒带领一批青年教师和研究生，运用电子和光学显微镜，陆续对茶芽、叶片、茶根、茶花、茶果、茶枝、茶籽以及胚胎、茸毛的内部显微结构进行了

■ 参观英国牛津大学（1988年，伦敦）

系统的解剖研究，摸清了茶树内部的显微结构，掌握了其变化规律，发表了多篇研究论文。1980年，他又主持了对茶树维管组织的解剖研究，这项研究从整体出发，对茶树维管组织结构形态以及各个发育阶段的特点做了全面研究。"这些研究的成果，说明了在生产当中，施肥的种类和方法、茶树的种植密度等，都跟茶树细胞分离有关。高产跟优质是连在一起的。"总结来说，王镇恒从生产实际遇到的问题出发，选定课题进行研究的方法是卓有成效的。他对茶树植物学的特征、特性所作的内部结构研究，将不同部位的组织开展较为系统的解剖，为茶叶的高产优质栽培技术提供了基础理论依据。"我带的跟我一起做这个课题的研究生里，一个现在在大学当校长，一个当了教授、成了博导。在原来的基础上，他们后来做的范围比我那时候就更好、更深了。"王镇恒欣慰地说。

20世纪90年代初期，王镇恒组织有关专家，主持编写、出版了第一本高等农业院校茶学专业教材《茶树生态学》，全面阐述了茶树与周围环境之间的关系以及环境对茶树的作用，主要包括两方面的内容：一方面研究各种环境因子及其对茶树的作用，在环境因子中着重研究光、大气、温度、水分和土壤等在空间和时间上的变化与生态意义，同时研究茶树与这些因子的耐性和适应性及其生态类型；另一方面，研究茶树对这些因子的反作用，以及茶树对环境的改造和保护。茶树生态学是一门年轻的综合学科，教材的出版，为茶树生态学这门新的茶学分支学科奠定了坚实的基础。

（三）

有了这些理论基础，就要有的放矢地提升茶叶的产量和品质了，这就提出了发展名优茶的要求。王镇恒逐渐将研究重心由产前向产中、产后扩

■ 王镇恒

展。他坚持教学、科研与生产相结合、理论与实践相结合，常年奔走于南北茶区，指导茶园管理、茶树栽培、鲜叶采摘，传授茶叶制作技术，创研名优茶，致力于发展茶业经济。

　　退休以后，王镇恒又作为第一主编，开始了主持写作《中国名茶志》的工作。这本书的组织和写作，王镇恒记忆犹新。中国悠久的茶叶历史，其中相当重要的一部分就是名优茶的历史。名优茶之优不仅在于品种、地区的自然条件、茶叶的管理采摘和加工工艺等方面具备独有的条件，还在于其丰富深厚的茶文化。以名优茶的标准去考量安徽茶叶，王镇恒认为其品质不错，但也存在诸如管理粗放、品种杂乱、产量较低、缺乏文化挖掘和梳理等问题。这种认识让王镇恒想到能不能组织一些人写一本书，名字都想好了，就叫《中国名茶志》。但显然，这个工作量非常大，远远不是光凭学校里的几个老师就可以完成的。

　　幸运的是，这个课题得到了当时农业部有关部门的关注，他们也认为当时中国缺这么一本书。慢慢地，借助来自各个方面的支持，包括台湾在内的全国总共300多人参与了这本书的写作。全书以产茶省分卷共分为20卷，收录了1 071种茶，其中1/3作为名茶，2/3是优质茶，总共180万字，耗时三年的时间完成。"当时一开始碰到的最大问题就是需要写出一条标准样来，作为模板。这模板有六个部分，历史、生产条件、品种、管理、采制工艺和茶文化。为了写出一条满意的模板，就花费了非常多的时间和精力，我们还组织相关各地感兴趣的人集合到一起反复讨论。当时就以黄山毛峰为最初的模板茶样，就为了写出满意的这一条，我专门跑了好多趟黄山茶区做调研。还碰到其他一些难题比如台湾地区和藏区的条目找谁来写，后来我们通过老

■ 与日本茶乡博物馆馆长小泊重洋合影

师和校友的关系，也都慢慢找到了合适的执笔人。"就这样一点一点，这个写作队伍最终扩大到了300多人，为此浩荡巨著众人历时三年、天南海北、秉笔齐书的场面，让人想想都振奋。那时，农业博物馆支持了12万元的经费，宣传部还将这本书列为"九五计划重点精品图书"。

1997年，王镇恒退休，退休手续是办好了，但直到把最后一届研究生带到毕业，1999年才真正交接工作。王镇恒在茶学教育和人才培养方面也用心颇深、勤于实践、成果丰硕。他自1983年起任研究生导师，长期承担本科生、研究生的教学任务。他言传身教，以身作则，为国家培养了一大批茶业科技、教育、生产、经营人才。他先后发表许多关于茶学教育和人才培养的文章，如《茶业人才培养与实现茶业现代化》《对高等农业院校教学计划几个问题的改革探讨》《大力改革教学方法，重视学生智能培养》《美国高等教育中农业院校的教学、科研、推广三结合体制与管理》《新时期茶叶科技人才的规格及培养途径》等，都颇有前瞻和洞见。"无论是给本科生还是研究生上课，我都强调这么一件事：是你们自己选择来学茶的。所以，第一你自己需要热爱茶；第二，学习需要认真；第三，一定要立志于贡献、服务于中国茶业的发展。这几点是我会在课上反复讲的，而我同样也以这几点来要求自己，让自己无愧于心，多做点事。"

（四）

分别多年的校友们后来在苏州和武夷山等地的聚会，是王镇恒心中最温暖的重逢。原中茶公司总经理施云清先生是王镇恒的同班好友，多年来两人往来未绝。他们同是1950年到复旦，1952年毕业，然后走上各自的茶叶工作岗位。"几十年了，我们之间的联系没有断过。有一次我带着老伴到北

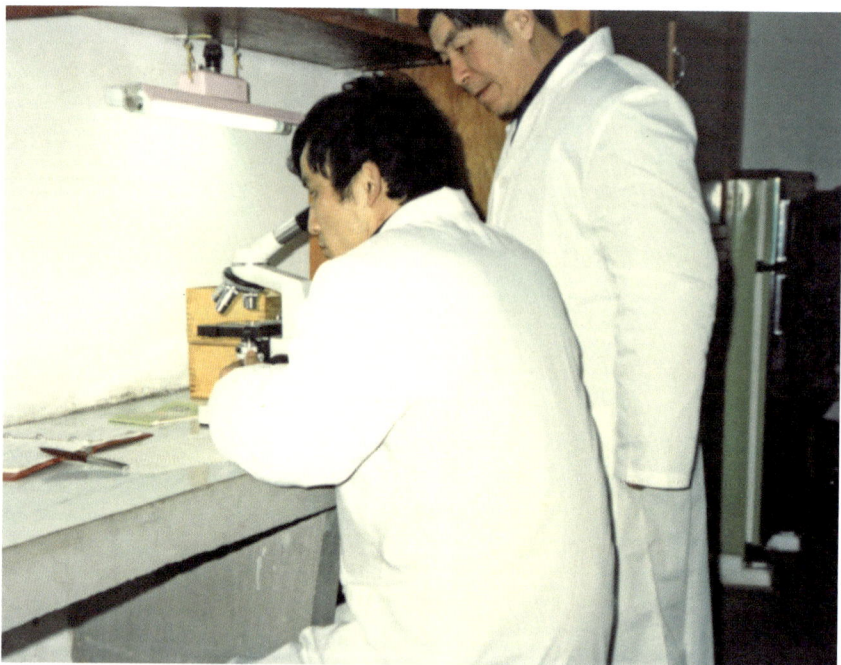

■ 指导研究生（1985年，合肥）

京去，还住在他家里。不过，上次见面还是上海世博会的时候，这一晃也八九年了。对了，前几天他还打电话过来。他每年初春从海南回来，都要打一个电话给我。"先生们之间，既淡如水又浓如酒的君子情谊，在言辞平淡的表述中，让人动容。他还回忆说，施云清先生在学生年代就拥有比较活跃的思想和较强的行动力，后来长时间在国外活动，特别是在埃及和巴基斯坦，为中国茶业长年奔波，做了不少贡献。"我们当年的同班同学中，现在普遍和我年龄差不多，90岁上下。施云清先生在这其中是身体比较好的。"每一句，都透着一位千里之外的老朋友的牵挂和欣赏。

"我和陈宗懋院士也是同学，我们同样是1950年到的复旦，上课也经常在一起，只不过他是植保系（原农艺系），我们是茶叶系。当年我们同在中国茶叶学会，陈宗懋当时是理事长，我是副理事长。那时年轻力壮，我们都是积极分子，一年要为组织活动而碰好几次面，所以当时交往的机会就比较多。陈院士到现在还在科研一线，这很了不起。"

王镇恒也回忆谈及了吴觉农先生。"我跟先生有一些交往，因为我很尊重他，他是老前辈，新中国成立以后的第一任农业部副部长和中茶公司总经理。他虽然没有直接教过我书，我也把他当做自己的老师来看待。我有什么事，很喜欢到他那里去请教。他这个人很随和，绝对不摆架子，先生比我年长几十岁，却能让我亦师亦友地待他。我到北京去了，一定要去看他；而他什么事情，也喜欢跟我聊，甚至在一些比较重要的事情上还咨询过我的意见。他对我的一些真诚的、哪怕不成熟的看法，也都听得进去。吴觉农先生不仅是新中国茶叶事业的设计师，更是全中国茶人的榜样。他那种人生境界，让人向往和敬佩。"

（五）

谈及中华优秀茶教师"终身成就奖"这项荣誉，王镇恒说，一方面它让人感到温暖，说这是对"茶界老人"一辈子的肯定；另一方面，他说也"受之有愧"，因为"只是做了一些自己本应做的事"。然而在后辈心中，像他们这样的茶界前辈、学者，真正是配得上"终身成就"四个字的。这是四个太有分量的字眼，它代表了老一辈治学教育者奉献一生、无怨无悔的精神，代表了一个禁得住诱惑、耐得住寂寞、一干就是专心干一辈子的时代。那种专注、无私、朴素、勤恳，那种谨严、谦和、达观、进取，每一种，都是光芒万丈的，都不会随着时光流逝而黯淡，都会细水长流般地感动着后来者的心，传递着榜样的信念和力量。包括王镇恒先生在内的茶界老学者、老

■ 金婚纪念

先生，用自己半个世纪对新中国茶叶事业的辛勤奉献，为正蓬勃发展的茶行

业、正努力成长的所有中华茶人，诠释着真正的"茶人精神"。

（本文刊载自《中华茶人》第85期）